第三辑

国际汉语
Chinese Language in the World

主编 周小兵

多元文化背景下的汉语教学与教育资源研发

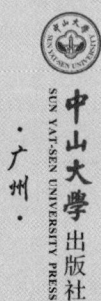

中山大学出版社
·广州·

版权所有　翻印必究

图书在版编目（CIP）数据

国际汉语·第三辑，多元文化背景下的汉语教学与教育资源研发/周小兵主编.—广州：中山大学出版社，2014.10
ISBN 978-7-306-05057-1

Ⅰ.①国… Ⅱ.①周… Ⅲ.①汉语—对外汉语教学—文集 Ⅳ.①H195-53

中国版本图书馆CIP数据核字（2014）第236643号

出 版 人：徐　劲
策划编辑：李海东
责任编辑：李海东
封面设计：郝　扬　张文琪
版式设计：李慧莹　梁慧妍
责任校对：何　凡
责任技编：何雅涛
出版发行：中山大学出版社
电　　话：编辑部 020-84111996，84113349，84111997，84110779
　　　　　发行部 020-84111998，84111981，84111160
地　　址：广州市新港西路135号
邮　　编：510275　传　真：020-84036565
网　　址：http://www.zsup.com.cn　E-mail：zdcbs@mail.sysu.edu.cn
印 刷 者：广州中大印刷有限公司
规　　格：787mm×1092mm　1/6　8.25印张　200千字
版次印次：2014年10月第1版　2014年10月第1次印刷
定　　价：20.00元

如发现本书因印装质量影响阅读，请与出版社发行部联系调换

目　录

教材研发

汉语教材词汇部分的一些问题
　　——以法语地区使用的教材为例　………　[瑞士]谢红华　　1
自然会话和传统语言教材表现语言行为之差异：
　　以赞同和反对为例　………………………　吴海平　　12
对外汉语文化教材的考察与分析
　　——以《双双中文教材》为例　…………　姜　蕾　张　丽　24

汉外对比

"已经"和"了₁"的异同及其跟越南语 đã 的对比
　　………………………………………　[越]何黎金英　周小兵　33
汉越词与汉语词的词义关系　………………　[越]阮福禄　42

教师发展

《国际汉语教师标准》和汉语外语师资培训本土化
　　……………………………………………　[英]张新生　47

汉语课堂

程度补语句的教学　………………………………　徐霄鹰　52

采用口译训练法的日本汉语教学实践报告
　　——以结果补语的教学为例 ………………[日]河村朋江　　61

海外汉语教学

中文教学与时俱进 ……………………………………[美]谢天蔚　　69
美国普林斯顿大学的中文教学特色 ……………………张静静　　75
中文沉浸式教育的美国明州模式：
　　实践、经验与启示 …………………………………张伟东　　81

调研报告

泰国中小学华文教学和教材使用情况考察 …………彭　俊　　88
20世纪90年代以来菲律宾华校华文教材使用情况考察
　　………………………………………………张世涛　何欢欢　　97

教学资源评介

利用真实语料进行口语教材编写和教学
——*Working with Spoken Chinese* 作者陶红印教授专访
.... 苏丹洁　105

专题报道

系统功能语言学与汉语国际教育
——记系统功能语言学创始人韩礼德教授一行
到访中山大学 .... 陈瑜敏　严小庆　高雪松　113

English Abstracts 118

Contents

Research and Development of Chinese Teaching Resources

Some Problems of Vocabulary Explanation in Textbooks on Chinese as a Foreign Language: Examples Taken from Material Used in French-speaking Regions
 .... Grâce Poizat-Xie 1

Agreement and Disagreement in Natural Conversation and Traditional Language Textbooks .... WU Haiping 12

Study and Analysis on Chinesr Cultural Textbooks for Second Language Learners: Taking *Chinese Language and Culture Course* as an Example .... JIANG Lei, ZHANG Li 24

Comparison of Chinese and Foreign Languages

Difference between "Yijing" and "Le" with the Comparisons in Vietnamese .... Ha Le Kim Anh, ZHOU Xiaobing 33

Semantic Relations between Sino-Vietnamese and Chinese Words .... NGUYEN Phuoc Loc 42

Teacher Development

The Standards for Teachers of Chinese to Speakers of other Languages and

Localisation of Teachers Education
.... George X Zhang　　47

Teaching Front Line

Teaching Methods of the Degree Complement Sentences
.... XU Xiaoying　　52

Teaching Report on Chinese Teaching Practice
　in Japan: Using Interpretation Training Methods in
　Teaching Result Complement Sentences
.... TOMOE Kawamura　　61

Overseas Chinese Teaching

Chinese Teaching in Modern Society .... Tim XIE　　69
Chinese Teaching at Princeton University ...... ZHANG Jingjing　　75
Minnesota Chinese Immersion Education Model:
　Practice, Challenges and Implications ...... ZHANG Weidong　　81

Investigation Reports

An Investigation of Chinese Language & Culture Teaching
 and Teaching Materials in Primary and Secondary Schools
 in Thailand ·················· PENG Jun   88
An Investigation of the Use Condition of Chinese
 Materials in Chinese Schools in the Philippines since
 1990s ·················· ZHANG Shitao, HE Huanhuan   97

Comments on Chinese Teaching Resources

Using Authentic Materials in Teaching Spoken Language
 and Material Development: Interview with Professor
 Hongyin Tao, the Author of *Working with Spoken Chinese*
 ·················· SU Danjie   105

Special Report

Relation between Systemic Functional Linguistics and
 Teaching Chinese to Speakers of Other Languages:
 On Professor Halliday's Visit to Sun Yat-sen University
 ·················· CHEN Yumin, YAN Xiaoqing, GAO Xuesong   113

English Abstracts ·················· 118

汉语教材词汇部分的一些问题
——以法语地区使用的教材为例

[瑞士] 谢红华

摘　要：教材的质量是目前海外汉语教学面临的重大问题之一。近20年来，国内外出版了众多汉语教材，可是，海外普遍的反映仍然是教材的适用度不高。如何使教材真正本土化，提高其针对性、准确性、有效性，是广大教材编写者必须解决的难题。本文通过重点考察、比较法语地区使用的几部汉语教材，特别是国内出版并翻译成法语的教材的词汇部分，讨论其中拼音、词性、翻译、用法等四个常见的环节存在的种种问题，并对此提出个人的一些处理方法，目的是引起编者与教师对词汇部分的足够重视，为教材的本土化，为教材词汇部分的编写更加合理、准确，提供一些参考。

关键词：汉语教材；词汇；法语地区的汉语教学

目前的汉语教学中，词汇教学是最薄弱、最不受重视的环节之一。已经出版的纲领性文件如词汇等级大纲、教学大纲、考试大纲中的词汇部分常常只有拼音、词性；各大学课程设置中设有词汇课的极少，专门的词汇教材也不多见，给学生讲构词法的更是凤毛麟角（谢红华，2011）。因为词汇学习不教词法，不讲规律，欧洲学生觉得词汇是汉语学习最大的拦路虎，除了死记硬背，别无他法。研究也表明（如张和生，2006，2010），欧美学生最大的问题是词汇量太少。在国外，词汇量不足的情况更为严重，这种局面跟我们的词汇教学不得力、教材词汇部分的编写不完善有关。

本文在对法语地区使用的几部汉语教材（特别是中国出版的、翻译成法语的教材）及相关工具书的考察基础上，对教材中与词汇相关的部分提出个人的看法，借此引起同行对教材词汇编写与词汇教学的重视。目前，大多数汉语教材中词汇部分的基本模式是"拼音—词性—翻译（—举例或用法）"。下面我们具体考察这一模式中的每个环节。

1 拼音部分

拼音的标法反映了我们对词的内部结构的看法，在很大程度上左右着学生对词语的理解与记忆。《汉语拼音正词法基本规则》（中国文字改革委员会，2012）（下面简称《规则》）对很多特殊情况的拼音标法做了明确的规定。我们需要考虑的有两个方面：一是《规则》中有的规定不适用于教学，怎么办？二是《规则》没有明确规定的情况，怎么办？

1.1 轻声

轻声是一个比较复杂的动态现象，并不是只有一个读音。研究表明（刘俐李，2002），轻声的长度一般是正常音节的一半左右。其次，轻声的音高并不是固定的，它跟前面音节的音高有关系。赵元任（2002）指出"轻音字有中、高、低三种读法"，阴平、阳平后的轻声读半低音2，上声后是半高音4，去声后是低音1。北京话轻声存在去化的现象（王旭东，1992）。

轻声字分"永远轻读的"与"偶尔轻读的"（赵元任语）。前者既然永远轻声，当然不标调，因为无调可标；对于后者，我们的主张是同时标出轻声（也就是不标调）与原调。从教学效率上看，标轻声是让学生知道这个字出现在课文语境中的标准读法，标原调是为了让学生知道这个字不读轻声时应该读什么。既标原调又标轻声还因为部分轻声字没有定论，有的词典标轻声，有的标原调。这说明读不读轻声关系不太大，多数情况下，轻声与否并没有区别意义的功能。

1.2 变调

变调的字不多，主要有"一"和"不"。《规则》规定："'一''不'一般标原调，不标变调"，"但在语言教学等方面，可根据需要按变调标写"，所以教材可标原调也可标变调。如果标原调，学生发的是错音；如果直接标变调，在词汇表里不好处理，因为变调是个动态现象，是在语境中发生的。有些特别细心的初级学生还以为是印刷错误。如果两者都标，会不会导致混乱？

《现代汉语词典》与《汉语8000词词典》"不"一概标原调；《新汉语水平考试大纲》中的"不"标变调，如"不必，不但"等标二声；《当代中文》中"不错"或"不到长城非好汉"与《新实用汉语课本》中的"不用"的"不"都标二声；巴黎出版的《汉语入门》中"不错"标二声。可见处理方式因人而异。只有上上变调（"小姐""姐姐"之类）或上上上变调（"展览馆"之类），词典与教材一律标原调，比较统一。

变调的情况比较复杂，不仅跟前后音节的声调有关联，而且跟词的内部语义结构、语法结构、轻重音、语速等都有关系。我们的意见是标原调，"以不变应万变"。变调是在有一定的语速的语境才会发生的。如果是初学者，说、读得比较慢，没有变调；有水平读得快时，变调几乎是自然发生的，已经不是难事。

1.3 成语以及其他固定用语

《规则》规定："结构上可以分为两个音节的，中间加连接号；结构上不能分为两个音节的，全部连写"，"不能按两段来念的四言成语、熟语等,全部连写"。那么,是统一标法还是根据成语的内部结构个别处理?目前各种做法都有,一些拼音标法至今没有统一的标准。例如《现代汉语词典》与《汉语8000词词典》中"各式各样"是 gèshìgèyàng;《现代汉语词典》把"各抒己见"则标成 gè shū jǐjiàn,《新汉语水平考试大纲》中的"各抒己见"全部连起来;《中级汉语》中的"各种各样"从中间分两段来标,加连接号。我们的建议是按成语的内部结构来标,中间加上连接号,这样便于学生理解构造,利于记忆。加连接号是为了说明这是一个成语,就像一个词,一般不分开用。

一些固定用语如"不客气、来得及、来不及、不好意思"等的标音,《规则》规定:"非四字成语或其他熟语内部按词分写"。例如,"差不多"有几种标音法:chà bu duō(Allanic 2009),chàbuduō(吴中伟,2010;《新HSK大纲》;《汉语8000词词典》),chà buduō(《现代汉语词典》)。我们认为,可以把三个或四个音节以下的固定用语都连写,更多音节的就按词分写,如"不到长城非好汉"标成 bù dào Chángchéng fēi hǎohàn。

1.4 动补结构、动趋结构

这两种结构的拼音也不统一,特别是复合趋向补语。有全部分开的,如"拿出来"标成 ná chū lái;有分成两部分的,如 ná chūlái;如有宾语时,"拿出书来",有的标 náchū shū lái,有的标 ná chū shū lái。《规则》上的要求是:对于动补和动趋结构,如果两者都是单音节,就连写;如果其中一个或两个都是双音节或更长,就分开写。还需考虑增加双音节趋向补语被宾语截开的情况,如"拿出书来",个人觉得"出"应该跟"拿"分开,因为从结构上看,"出来"是一块。

可见,还有一些拼音标法至今并没有统一的标准,最近的研究也证明有待解决的问题还很多。"要给每个汉语词语一个合适的拼音形式,不要说外国人,就是中国人,甚至中国的语言学工作者都有一定的困难。"(李宇明,2013)。

2 词性部分

汉语的词的归类存在很多问题。至今有的教材编者仍然不主张标词性,认为学生通过翻译已经可以知道汉语词的词性。我们认为,西方学生对词性非常敏感,在他们的母语里词性是个非常清晰、自然而然的概念,他们的词性知识完全可以运用到汉语学习中。教材不仅要标明词性,而且应该细化词类,必要时标出小类,让词类标记真正成为学生有效使用词语的一种手段。如果教材用当地语言来标词性,每个术语的运用就要考虑到汉语与当地语言的共性和个性、学生对术语的原有理解、同一概念在一语和二语之间的异同。下面,我们将列举教材词性部分存在的种种问题。

2.1 语法术语不统一

汉语跟欧洲语言很不一样,当地学生学习汉语,某些术语的具体内容存在差别。汉语语法教学所用术语跟法语的对应至今没有得到很好的研究。一方面,语法理论本体研究的术语没有统一;另一方面,理论研究的术语和教学实践的术语没有理想的接应。我们认为在处理不统一和不对应的术语时，原则是要突出教学术语的简明性与有效性。

2.1.1 形容词

形容词在法语里有 adjectif, adjectif verbal, verbe adjectival, verbe de qualité, verbe qualificatif, verbe d'état, verbe descriptif 等译法。本人主张用 adjectif，这是语言学的一个基本概念，而汉语的 adjectif 的句法特点之一是可以作谓语。

应该为形容词分小类。分小类不仅在一定程度上避免了术语的混乱，更有助于语法学习。形容词至少可以分成三类：性质词、状态词、区别词，分别译成 adjectif qualificatif, adjectif descriptif, adjectif déterminatif。前者可以作谓语，有动词的功能，也称作 adjectif verbal 或 adjectif prédicatif；后两者不可以直接作谓语，也称作 adjectif non prédicatif。

2.1.2 能愿动词

能愿动词有几种不同的译法：verbe auxiliaire, verbe semi-auxiliaire, verbe modal, verbe de volonté, verbe optatif 等。我们觉得 verbe modal 最合适，这是普通语言学的一个基本概念，大多数语言都有这类词，法语中的 pouvoir, devoir, falloir 等也叫作 verbe modal。volonté 或 optatif 都是"愿望"的意思，只概括了一部分能愿动词的语义。叫 auxiliaire 特别不合适，因为法语中的 auxiliaire 指的是 être 和 avoir 这类助动词。

2.1.3 量词

量词有 spécificatif, classificateur, quantificateur, mot de mesure, mot d'unité 等译法。其实，这些说法开始都是表示量词中不同的类，以后慢慢就被用来泛指所有的量词（杨志棠，2013）。量词是一类特殊的词，很多量词无法翻译成欧洲语言。从教学的角度出发，我们的意见是缩小量词的范围。那些可以翻译的量词，如从名词来的"临时量词"（杯、瓶、线）、表示度量衡的"计量量词"（斤、里、点、刻）、"动量词"（趟、番、脚）等都不应作为量词而应作为名词来处理，量词只应包括"个体量词"或"专用量词"等无法翻译的量词，如"本、张、辆、把"等。词类可标记为 liangci，说明是汉语特有、法语中没有的词类；或者沿用 spécificatif 这个术语（这已经是个新造词，不学汉语的人不知道它的意思），因其毕竟是个法语词，对法语学生来说比拼音 liangci 容易记忆。

2.1.4 了、过、着

这三个时体助词，法语常常翻译成 particule aspectuelle（或者翻译成 particule d'aspect），也有教材把它们叫作 suffixe（词缀）。一些语法学者觉得叫助词不合适，又找不出更好的术语，所以只标拼音。还有人觉得没有必要只为三个词另立一类。在没有更好的称呼之前，我们主张沿用 particule aspectuelle，而且词缀是构词法范畴的概念，用于句法范畴的词类不合适。

2.1.5 的、得、地

结构助词直译是 particule structurale，最早的汉语语法学家只标 de，不说它们到底是什么。有人认为应该叫 particule de détermination，最近有了 subordonnant 的说法（Rabul，2007；Yang-Drocourt，2011），表示从属关系。我们觉得 subordonnant 比较科学，更符合这三个词的句法特点，又不会跟法语中的任何概念相混淆。

汉语的助词一般可分为结构助词、体态助词、语气助词三小类，可是西方学生很困惑，看不出"了、过、着"、"的、得、地"与"吗、吧、呢、啊"之间有什么共同点。所以，在找助词的对应词时要特别谨慎。

2.2 不标明小类

教学实践证明，分小类利大于弊。标明小类不仅可以避免中外名称对应时出现的术语混乱，而且可以帮助学生认识一个词的特性，正确运用这个词，真正达到标记词类的目的。类分得细，学生的偏误就相对少些。根据教学对象的母语，汉语词的小类的标法应有所不同。这也要求教材编写者对外语比较精通。

2.2.1 形容词的小类

目前国内的大部分教材都不标明形容词的小类。在海外，很多教师不是学对外汉语出身的，不太清楚形容词可以分成几个小类，所以不知如何解答学生"为什么可以说'很对'、'辛苦的旅行'，却不可以说'很错'、'累的旅行'"之类的问题。可见，把形容词分成性质形容词（谓语形容词）、状态形容词与区别形容词（非谓形容词）很有必要。

2.2.2 动词的小类

动词不标小类或标太多的小类都是不明智的做法。对法语地区的初学者来说，下面几个动词的小类应该特别说明：趋向动词、能愿动词、离合词、心理动词、双宾语动词。

法语趋向动词跟地点词的关系与一般行为动词跟地点词的关系是一样的，句子结构没有什么区别（比较 j'étudie le chinois à l'Université 与 je vais à l'Université）；而汉语中这两个句子必须通过不同的句法结构来表达。不明确这一点，初学者运用趋向动词时就会出现大量错误。

汉语能愿动词跟法语情态动词的语义是复杂的交叉对应。此外，一部分能愿动词同时是动词，需要分别说明。如"要"与"想"都同时是能愿动词与动词。如果词性与意义不对应清楚，就会出现"我想一杯咖啡"之类的偏误。

离合词必须跟一般的双音节动词分开，否则就会影响到一系列句法结构的习得。现在，大多数的学习词典与新教材都用某种标记标明离合词。

汉语可以带两个宾语的双宾语动词是少数，应该特别标明。法语的动词 donner 与 présenter 都可以用在 donner/présenter quelque chose à quelqu'un 结构里，但是，与之相应的"给"是双宾语动词，"介绍"却不是。

法语里一般行为动词与心理动词都可以受 beaucoup 的修饰（谢红华，2000b），如 Je voyage beaucoup（我经常旅行）与 Je l'aime beaucoup（我很喜欢他）。学生会误以为程度副词可以修饰一般行为动词。教材标明心理动词这一小类，可以避免动词前加程度副词或不知道心理动词前可加程度副词的偏误。

2.2.3 其他小类

汉语的方位词跟法语表示方位的介词或副词用法不一样，应该单独标出，让学生一看就知道方位词不可以单用、必须位于名词之后等特点。

处所词跟那些可以表示地点的普通名词的用法也不完全一样：前者可以进入"在～"而且不能进入"～上/里/中/以南"，后者正好相反（郭锐，2002）。不特别标出，学生甚至一部分老师就不知道为什么可以说"在工厂里，在中国以南"，而不可以说"在当地里，在内地以南"。

程度副词跟其他副词不一样，只能修饰心理动词和形容词。程度副词数量不大，但使用频率非常高，单独标出有利于避免与其他副词混淆。

2.3 个别词类的具体处理

2.3.1 兼类词

处理兼类词，折中的方法是看情况而定：如果意义相近，而且在外语中有对应的词，就标出兼类。例如"丰富"，可标 adjective 和 verbe，对应法语的 riche 和 enricher。再如"到"，应同时标 verbe 和 preposition，分别对应 arriver 和 à。大量的动名词应标 verbe 和 nom，因为在法语中动词与名词是两个不同的基本概念，而且很多动词不可以当名词用。如果两个意义比较遥远（即使本来是同一来源的），就以不标兼类为宜。如"活"，一般它先作为名词出现（干活、重活），对应于 travail（physique, manuel）；因为学生已经学过"生活"，就可以标出动词（活下去、活得很好），再标出形容词也无妨（活鱼、脑子很活），因为法语中都有对应形式 vivre 和 vivant，不难理解。但是，如果也标明它是副词（活像一个乡下人），意思是 vraiment 或 complètement，就会把问题复杂化，引起混乱。

2.3.2 词性有争议的词

教材的科学性与实用性有时会有冲突，是否可以放弃科学性而以实用性为主？例如"凡是"是副词、连词还是形容词？《现代汉语词典》中认为"尽力、尽（4声）量、尽心"是动词，而"尽（3声）量、尽快、尽早、尽情"是副词。从教学的角度看，是否应该都当成副词处理？还有一部分形容词如"故意、切实、随意、纯粹"等，通常只用作状语，很少用作谓语。教材能否同时标作副词，甚至先标副词后标形容词？我们在给新汉语水平考试的5000个进行法语译注时（Poizat-Xie, et al., 2013），常常碰到这个问题，在形容词与副词之间犹豫不决，最后是以实用为重。

2.4 固定词组的类

教材标明固定词组的属性，可以避免仅靠翻译的意义来猜测其用法导致的偏误。以成语为例，"风土人情、后顾之忧"是名词性的，"丢三落四、日新月异"是动词性的，"兴高采烈、博大精深"是形容词性的，"千方百计、斩钉截铁"是副词性的。如果不标词性，把"千方百计"译成 chercher tous les moyens

也无济于事，因为所有的学生都会把这个成语当作动词来使用。另外，还要尽量翻译成属性相应的短语，如 par tous les moyens 是副词性的，对应"千方百计"更加准确。

3 翻译部分

做好教材词汇翻译的前提，是对学生母语有深入的了解，能体会到外语对应词语义上的各种细微差别，了解句法上的各种使用规则。在法国出版的中外合编或外方独编的本土教材中词汇翻译的问题极少，因为编者或者母语是法语，或者对法语非常熟悉。在国内出版的、翻译成外语的教材中，我们能看到不少不当甚至错误的翻译。下面是教材中词汇翻译部分常见的一些问题。

3.1 汉语词与法语对应词的词性不对等

理想的做法是词性与翻译部分的用词的词性相一致。例如动名兼类时就应该给出动与名的翻译。"大便、小便"既是动词的 excréter 与 uriner，也是名词的 excréments 与 urine，少了其中一个注释，都会影响到学生对这些词的理解与运用。"附近"是处所词，翻译成 près、près de 显然不合适，因为后者是副词或介词，environ、alentour 则更接近"附近"的用法。"恐怕"是副词，不是动词，所以译成 je crains que 或者 avoir peur de 都不合适，因为学生会把它当动词用（"我恐怕明天下雨"）；译成副词的 peut-être 或 probablement 也不全面，因为这两个词是中性词，相当于"可能，大概"，而"恐怕"后面只能跟贬义的情况，如果加上 pour une éventualité négative 的说明，这样就清楚多了。实在找不到词性相应的对应，应该做出解释。

3.2 同译词太多（多对一）

教材中最普遍的问题是编者用外语释义时很容易出现同译词，即选用同一个外语词来解释汉语中不同的词语。"别"和"另"都译作 autre，"问"与"让"都是 demander，"一下"与"一点"都是 un peu，"请"与"请问"都译作 s'il vous plaît，"穿"与"戴"都是 porter。学生根据这些释义来造句会出现偏误，因为这些近义词的细微差别没有在对应词中得到体现。释义用词要细致、准确，最好是兼顾汉语词与译词的意义与用法。例如，"可爱"译成 aimable，charmant 或 gentil 都比不上 adorable 准确。"别"与"另"都表示 autre，可是前者一般用于复数 autres，后者用于单数 autre，一个字母 s 就标明了其区别。把"一点"译成 un peu de（quantité），表示数量少，把"一下"译成 un petit moment，表示时间短，把"有点儿"注成 un peu + adj.，就清楚多了。"请"当然是 s'il vous plaît，但后者是个单用的固定语，而"请"极少单用，如果译成 prier de，学生就会明白"请"之后还得跟着其他成分。

3.3 汉语多义词（一对多）的义项先后与排列比较任意

多义词的问题是如何根据习得规律来安排不同义项的学习顺序（李慧 等，2007）。词典一般把原义放在前面，教材一般是先学最常见的义项，而常用义不一定是原义。目前一部分教材的做法是只给出课文语境中的词义，如"想"在"我想去中国，我想喝咖啡"的意义；也有的教材同时给出别的意义，例如"我想家，我想一想，我想他不来"等。我们的看法是根据具体情况来决定：如果别的意义用法不复杂，未尝不可同时给出，如"想"，可以比较轻松地扩大学生的词汇量，提高学习效率；如果用法比较复杂，如"多"的几个义项在"中国人很多"、"很多中国人"、"学汉语要多说多读"、"你说多了"、"五十多个人"等句子中功能不同，不好掌握，不宜一次列出，以免造成混乱。

如果同时给出别的义项，也应严格按照"课本中的义项→别的义项"的顺序。有本教材给"叫"的释义是"appeler; s'appeler; crier"，而课本中学的是"我叫马力"，也就是 s'appeler 的义项，所以更合适的义项排列顺序是"s'appeler; appeler; crier"。

3.4 没有把词义与某些结构义或短语义分开来处理

有些词语单个使用时的意义跟在某些固定组合中的意义存在较大的差别，在词汇表中常常没有具体的说明，从而造成理解或运用的障碍。例如，虽然"从来"多数情况下跟否定词结合后表示 jamais，但"从来"表示的是 depuis toujours 而不是 jamais，所以把"从来"译成 jamais 是错误的。"没"译成 jamais 也不准确，因为"没"只是一个否定词，要表示 jamais 还必须加上别的成分。反过来，如果给出本义，而课本中用的是某种结构的特定意义，也会给学生造成困惑。例如"舒服"注 confortable，而课本里的句子是"她有点儿不舒服"，这里"不舒服"是"身体有毛病"的意思，而且这个意义只能用于否定句，不能用"她很舒服"来表示相反的情况；"死"的词义是 mourir，可是在"adj. +死了"格式中表示的是程度极高，应译为 extrêmement。

另外的一种情况是由于法语的特定搭配，把某个词的特殊用法当作汉语词的意义。例如"喝"的意义是 boire，可是不能因为法语说 prendre un café 就把"喝"翻译成 prendre；同理，不能因为"照相、拍照"说 prendre une photo 就把"照"或"拍"翻译成 prendre。最好是既标出词的常用义，也标出它的固定组合及其意义，把词义与结构义分开。

3.5 语义色彩与语体风格

翻译所用的对应词可以体现词语的褒贬语义色彩，如把"沉闷"译成 étouffant、maussade，把"卑鄙"译成 ignoble、abject。有时对应词体现不出汉语词的色彩，就需要特别注明。例如，"结果"、"后果"都可译成 conséquence，而后者只用于不好的结果；"公然"译成 publiquement，"企图"译成 chercher à 都是褒贬不明。根据这些对应词，学生就会造出"经济改革的后果是人民生活水平提高了"、"我公然告诉大家这件事跟我没什么关系"、"我企图换一个工作"的错句。

中级与高级教材中，一部分词语可以标明其书面语体色彩。初学的一般是口语词，到了中级阅读课会遇到很多书面词语，很多学生又同时学古代汉语，结果就搞不清怎么区分使用多个近义词。中级与高级学生的作文中，跟语体色彩有关的偏误很常见，例如"这么可爱的犬，为什么不买呢"中的"犬"、"新的电车里没有垃圾桶，所以很肮脏"中的"肮脏"等，都是因为不了解它们的语体色彩而造成的误用。

跟法语相比，汉语的口语与书面语距离比较远。目前对汉语书面语的研究与教学都已经有一些成果，如谢红华（2000a）指出单双音节同义词的选择条件之一是语体因素；冯胜利（2005，2006）列举了汉语常用的书面语格式；张博等（2008）对单双音节近义词的语体色彩进行了统计研究，认为46.9%的单音节近义词具有口语色彩，19.4%（多用于特定格式）的单音节近义词具有书面语色彩。而33.7%的单双音节近义词色彩差异不突出。也就是说，相当一部分词语是可以标明其语体色彩的。

4　用法部分

"举例或用法"大多数教材里没有，有的放在语法部分而不在词语解释部分。我们觉得词汇表还应该有适当的词语用法解释，根据学生的水平来选择一些重点词、难点词、易出错词、易混淆词加以简单的注释。用法部分可以考虑下面几个方面：

4.1　常用搭配与扩展

名词应该配上搭配的个体量词。动词的搭配比较复杂，有动宾、动趋、动补等结构，如果用法跟法语对应词不一样，标出其搭配就很有必要。例如初级词"汤"，应该写上"喝汤"，因为法语里说 manger la soupe（吃汤）；"药"应该加上"吃药"，因为法语说 prendre le médicament。否则学生造句时就会出错。"同意"后面不可以跟表人的名词，只译成 être d'accord（avec），不说明它跟法语正好相反，就肯定会出现"我同意你"之类的句子。又如"维护"只能跟一些抽象名词配合（如"利益、地位、权利"），不说明这一点，学生就会造出"诺贝尔和平奖能够维护人民"的错句；"根据"只译成 selon 而没有说明后面不能跟表人的名词，就会出现"根据他、根据老师、根据专家"之类的错句。

当然，教材不是词典，不可能把每个搭配都写上。原则上应注明那些比较固定的、学生经常出错的搭配。例如学"虽然"，就应该指出其搭配是表示转折意义的连词或副词"但是，可是，却"等，"只要"之后是"就"，"只有"之后是"才"，副词的"根本"后一定有个否定词，等等。

4.2　高频偏误词要特别注明用法

有的难点、高频偏误点是带有普遍性的，对哪国学生都一样，如"了、难道、反而、宁可"等，大多数教材都会重点解释和训练。而对特定母语学生的特殊难点，目前的研究还不是很全面，至少在教材中没有得到充分的体现。第一步是要知道哪些是法语地区学生的高频偏误词，这方面的研究成果已经集中在 Poizat-Xie 和 Zufferey（2003）与 Poizat-Xie（2010）这两本书中。例如"多、停、试、半、使"等，经常能听到"我停了说话"或"我停了洗衣机"、"我试裤子，可是不合适"这类句子。再如，"一……就……"在法语里有相应的说法 dès que，可它是个高频偏误结构，因为学生不了解"一"和"就"（特别是"一")都是副词,必须把它们放在主语后,如果教学中不重点强调这一点,偏误就不可避免。这种情况应该引起本土化教材编写者的高度重视。

4.3 近义词的辨析

这包括对汉语近义词的辨析与汉法近义词的辨析两方面。例如"疼"用 avoir mal 来翻译,但两者用法不一样,必须说明"疼"的地方在前,说"(我)头疼、肚子疼、腰疼、腿疼",因为法语把疼的地方放在后面,说 j'ai mal à la tête, au ventre, au dos, à la jambe;把"久"译作 longtemps,学生几乎无法正确使用"久",因为汉法用法不同,给出"很久、好久、多久"就很有必要。

5 结 语

教材编写者应该注意到两种语言的词语的各种差异,如词义的细微差别、词性、搭配、语体、色彩、文化含义等。编写教材词汇部分时,应该优先考虑以下五个原则:实用性、有效性先于其他原则;设身处地,有的放矢,避免偏误;注重与学生母语比较;简明、准确、有针对性地进行注释;难点词、高频偏误词、易混淆词要重点解释、训练。

国内学者队伍庞大,一般专业知识强,有丰富的教学经验,对汉语本身的难点十分熟悉;本土教师熟悉当地文化、语言,了解学生的需求、习惯,特别是学生的学习难点、重点。中外合作,才能编出针对特定母语学生的高质量的教材。

参考文献

[1] 冯胜利. 汉语书面语体初编 [M]. 北京:北京语言大学出版社,2006.
[2] 冯胜利,胡文泽. 对外汉语书面语教学与研究的最新发展 [M]. 北京:北京语言大学出版社,2005.
[3] 郭锐. 现代汉语词类研究 [M]. 北京:商务印书馆,2002.
[4] 李慧,李华,付娜,等. 汉语常用多义词在中介语语料库中的义项分布及偏误考察 [J]. 世界汉语教学,2007 (1).
[5] 李宇明. 国家通用文字政策论 [J]. 世界汉语教学,2013 (1).
[6] 刘俐李. 20 世纪汉语轻声研究综述 [J]. 语文研究,2002 (3).
[7] 王旭东. 北京话的轻声去化及其影响 [J]. 中国语文,1992 (2).
[8] 谢红华. 现代汉语单双音节同义词选择的限制因素 [C] //胡明扬. 第六届国际汉语教学讨论会论文选. 北京:北京大学出版社,2000a.
[9] 谢红华. 法语的 beaucoup 与汉语的"很、很多、多"——兼谈对外汉语重点词教学与外汉比较 [J]. 世界汉语教学,2000b (2).
[10] 谢红华. 构词法与对外汉语教学 [J]. (德国) CHUN,2011 (26).
[11] 杨志棠. 语法教学应该用什么样的术语——以"量词"为例 [C] // 瑞士日内瓦大学孔子学院第二届汉语教学研讨会论文集. 日内瓦:瑞士日内瓦大学孔子学院,2013.
[12] 张博,等. 基于中介语语料库的汉语词汇专题研究 [M]. 北京:北京大学出版社,2008.

[13] 张和生. 外国学生汉语词汇学习状况计量研究 [J]. 世界汉语教学, 2006 (1).
[14] 张和生. 对外汉语词汇教学研究：义类与形类 [M]. 北京：北京大学出版社, 2010.
[15] 赵元任. 语言学论文集 [M]. 北京：商务印书馆, 2002.
[16] 吴中伟. 当代中文（法语版）[M]. 北京：华语教学出版社, 2010.
[17] 中国文字改革委员会. 汉语拼音正词法基本规则 [S/OL]. (2012-09-07). http://www.pthyygf.org/d/file/guifanbiaozhun/guifanbiaozhun/2012-09-07/392c4c912cab7a2656122eb38aea69bd.pdf.
[18] Poizat-Xie H（谢红华）, Zufferey N. Mots chinois, mots français—Manuel d'analyse lexicale pour francophones Ⅰ [M]. Paris: You-Feng, l'Asiathèque, 2003（édition revue et corrigée, 2010）.
[19] Poizat-Xie H（谢红华）. Nuances et subtilités de la langue chinoise—Manuel d'analyse lexicale pour francophones Ⅱ: Avec la participation de Marie Wyss [M]. Paris：l'Asiathèque, 2010.
[20] Poizat-Xie H（谢红华）, Goldschmidt-Clermont D, Zimmermann B. Lexique du chinois contemporain—Traduction annotée des 5000 mots du HSK par niveau [M]. Paris：l'Asiathèque, 2013.

考察的工具书与教材
[1] 北京语言大学汉语水平考试中心. 汉语8000词词典 [M]. 北京：北京语言大学出版社, 2000.
[2] 国家汉办. 新汉语水平考试大纲（1~6级）[M]. 北京：商务印书馆, 2010.
[3] 中国社会科学院语言研究所词典编辑室. 现代汉语词典 [M]. 5版. 北京：商务印书馆, 2005.
[4] Allanic B. Le chinois comme en Chine（学中文）[M]. Rennes：Presses universitaires de Rennes, 2009.
[5] Hoa M. C'est du chinois（汉语双规教程）[M]. Paris：You-Feng, 1998.
[6] Rabul I., et al. Méthode de Chinois—Premier niveau（汉语入门）[M]. Paris：l'Asiathèque, 2007.
[7] Yang-Drocourt Z, et al. Méthode de Chinois—Deuxième niveau（中级汉语）[M]. Paris：l'Asiathèque, 2011.

[瑞士] 谢红华，瑞士日内瓦大学汉学系
grace.poizat@unige.ch

（责任编辑　姜有顺）

自然会话和传统语言教材表现语言行为之差异：
以赞同和反对为例

吴海平

摘　要： 本文针对语用教学难点，以赞同和反对的表达为例，探讨了传统汉语教材与自然会话在实现言语行为上的差异，并提出改进教材和教学的建议。基于自然口语研究的成果，本研究发现，教材模拟会话表达语言行为的方式常常是高度标记性的，并据此提出，传统教材有必要采用真实语料作为辅助，以准确反映日常交际中语言的常规使用。课堂活动的设计应多让学生观察、接触并参与真实的交际活动，以提高语用能力。

关键词： 同意；反对；语用；汉语教学；真实语料

1　研究背景

近年来，自然口语的研究使人们开始重新定义学习者的"交际能力"。传统的定义仅局限于对语言知识的了解，扩展的概念涵盖了语用和篇章能力（Bachman, 1990；Gilmore, 2007）。Kasper（1997）更进一步指出，语用能力并不依附于语言知识能力，而是两者地位相当，同等重要。陶红印（2007）从语篇的角度具体概括了高级语言学习者的交际能力，其中包括：对交际发展过程的敏感性，对语篇连接性、连贯性的敏感性，对信息结构（已知信息 vs. 未知信息）的敏感性，具有表达认识立场（i.e.，对所说内容的确信程度或对信息来源的表述）和情感立场（i.e.，谈话者对所说内容的情感和态度）的能力，以及在有挑战性的情境中开发多种语言资源的能力。

虽然理论上人们已认识到语用和篇章能力的重要性，在实际教学中却缺乏对语用能力的指导和训练。一方面，教育者一直以来对语用技能的可教性存在疑问，因为语用技巧多是隐性的、难以描述的（Wolfson, 1989），即便是母语者，对自身的语用技巧也缺乏明确的认识。另一方面，一些研究者（Kasper, 1982, 1997）则认为，应在课堂中明确地教授语用技能，因为很多语用技巧，尽管具有普适性（universal），并不能自动迁移。例如，学习者在母语环境中可以很好地使用礼貌标记（politeness marking），在目的语环境中却很少正确使用这样的标记（Kasper, 1982）。缺乏语用技巧的结果就是学习者在交际过程中受挫，不能达到交际目的，甚至引起严重的误会（Bardovi-Harlig & Hartford, 1990）。

此外，传统的语言教学并不能给语用能力的培养提供有利的环境。首先，课堂教学多依赖语法—翻译法的教学模式，侧重语法、词汇的讲授，而忽略语用（Tao, 2005; Gilmore, 2004）；侧重教授孤立的句子，忽视篇章和语境。课堂教学的基本模式"老师提问——学生回答——老师反馈"使得很多交际行为（如赞同、反对、解释等）难以实现。其次，教材的编写多依赖母语者对语言的直觉，而不是真实的语言使用（Kasper, 2001: 1）。语法的描写多基于书面语。

针对上述问题，我们认为，采用真实口语材料作为传统教学的补充，并配合相应的课堂活动，是提高学习者语用能力的一条途径。在汉语第二语言教学方面，前人已探讨了用自然口语材料教学的理论和实践（参考 Tao, 2005; Xian, Wu, Tao, 2012）。本文拟在前人研究基础上，以赞同和反对的表达为例，进一步探讨传统教材与自然会话在实现具体语言行为上的差异。

表达赞同或反对是现实交际中很普遍的情况，也是教材中常见的例子，对第二语言学习者来说是一个重要的语言能力。自然口语的研究，特别是会话分析（conversation analysis）和话语分析（discourse analysis），已经揭示了自然交际中表达支持或反对立场的相关规律，但这些成果却没有用到教学上；在语言教学界，也缺乏相关文献讨论。下文将会分析在自然会话和语言教材中赞同和反对分别是如何表达的，并指出传统教材与真正语言使用的脱节之处，进而提出改进教学的建议。

2 赞同的表达

2.1 自然口语中赞同的表达

2.1.1 明确的评价

自然会话中常见的表达赞同的方式是明确的评价（参考 Pomerantz, 1984; Goodwin & Goodwin, 1992），如例（1）所示。这段对话节选自某电视访谈节目。主持人窦和两个嘉宾（王、查）正在谈论中国人喜欢说场面话的现象。在第 7~9 行，窦用富有表现力的直接引语模仿小摊贩用"朗诵体"兜售打折商品（标记符号请参考附录中的转写规范）。王对窦的叙述给出了一个赞同的评价（第 10 行）。

(1)
7 窦：所以，他在那儿说，(.) 啊::，什么，五 - 呃，就是
8 　　 < VOX > ↑五毛二：一件，(.) 五毛二：一件，(.)
9 　　 [快::来买，(.) 快：来买 < VOX >.

10 王：→ ［对对对对，@@你这个你这个［说得太好了@@。［说太好了。
11 查：　　　　　　　　　　　　　　　　［对　　　　　　　［对::。

王的赞同是快速表达出来的，甚至打断了窦的话语，与窦后面的直接引语（第9行）重叠起来。打断或者话语的重叠是口语中特有的现象。跟人们普遍的理解不同，"打断"在口语中往往不是一种不礼貌或敌对的表示，相反，它常常用在表达共同立场的情境中（Tannen，1983；Pomerantz，1984；Lerner，1989）。其次，这个评价通过词语的多次重复进行了强化，评价的程度也逐级上升：从开始表达简单的同意"对对对对"，上升到更明确的评论"你这个［说得太好了@@。［说太好了"，程度副词"太"加重了肯定的语气。伴随语言形式的复杂化，王的声调也逐渐升高。这一点与英语自然会话中赞同的表达方式类似，即赞同的立场常常通过各种手段进行强化（Pomerantz，1984；Goodwin & Goodwin，1987）。

2.1.2　共同构建话语

口语中另一种常见的表赞同的方式是交谈双方共同完成话语（Goodwin & Goodwin，1987，1992）。在例（2）中，说话人对前面所叙述的商贩用"朗诵体"兜售商品进行了评价。

(2)
14 窦：对，他 - 你卖个东西，
15 王：是啊，是啊，
16 窦：本来是有你自己的 -
17 王：→你那么 - 那么悲壮干什么呀。
18 窦：@@@没错@@@。

在第14、16行，我们可以看到，窦企图对所叙述的现象进行评价，但是他明显遇到了词语选择的困难。他经过了多次自我修正（self-repair），并重新开始句子："对，他 - 你卖个东西，本来是有你自己的 -"。在第17行，王接续窦的话语，协同完成了评价："你那么 - 那么悲壮干什么呀。"这一评价用比较诙谐的方式表达出来，得到了窦的认可（第18行）。该例显示，在言谈中，听众对说话人所要表达而未表达出来的内容进行了正确的判断和预测，并做出快速回应，接替对方完成了评价。共同构建话语显示了交谈双方的高度默契，也反映了日常交际的一个典型特点，即说话人对谈话进程的密切关注和对语言结构的敏感性（Tao，2007）。

2.1.3　简短回应和肢体语言

在自然会话中，说话人还常常通过简短互动或肢体语言来表示支持和赞同，如例

（3）所示。在这段话中，窦讲述了自己的个人经历。

（3）
1 窦：（.）你就卖个打折儿::的衣服啊，可是为什么这个喇叭里［出来的声音，
2 查：→   ［嗯::。
3 窦：   是朗诵体。
4 查：→嗯::。[对。
5 窦：   [你知道吗，他－↑社论是社论的这个::腔调嘛，
6 王：→((点头))
7 窦：   所以，他在那儿说，（.）啊::，什么，五－呃，就是
8   <VOX>↑五毛二：一件，（.）五毛二：一件，（.）
9   [快::来买，（.）快：来买<VOX>.
10 王：→[对对对对，@@你这个你这个 [说得太好了@@。[说太好了。

在窦的整个叙述过程中，作为听众的查在第2、4行简短地肯定了窦的陈述。王在第6行的身体语言（点头）也表达了对说话人观点的认同。交谈中的互动成分，像"嗯、啊"，本身没有语义，但在日常交际中，却是维持交谈流畅进行的必要成分。它们体现了听众对交际过程和对彼此的严密监控（mutual monitoring）（Goodwin, 1980），以及对交谈对象的礼貌和尊重。

对比第2、4、6行与王在第10行的评价，我们可以看出，虽然二者都表赞同，却有明显的差异：前者比较简短，而后者比较复杂。导致二者形式差异的主要原因在于它们在交谈进程中所处的位置不同。简短回应出现在窦的叙述过程当中，长篇大论会打断对方的叙述，因此听众用简短的回应或肢体语言来表达支持和赞同更为适宜。后者则出现在故事的高潮，即第8－9行的直接引语后。这个位置常常是叙述者希望听众有所回应并取得听众支持的地方，因此，形式较复杂、明确而强烈的赞同正是叙述者所期望的。由此可见，表达赞同的方式是由多种因素决定的，其中一个重要因素是它在谈话中出现的位置。

上文讨论了自然口语中几种典型的表赞同的方式。当然，表达共同立场的方式远不止以上的几种，其他方式限于篇幅在本文中不予探讨。综上所述，自然会话中赞同的表达常常是：快速、及时的，有时会打断对方的谈话；通过词汇、语法形式、声调等手段进行强化；直接的，很少经过包装；表达的方式（如简短 vs. 复杂）取决于多种因素，如在谈话中的位置。

2.2 传统教材中赞同的表达

这一节讨论传统语言教材中表达赞同的例子。例（4）～（6）三段模拟会话来自一本在北美出版并使用的中文教材。在例（4）中，甲、乙在谈论中美教育的差异。乙认为虽然中国学生很努力，但是不能读死书，甲在第5行对此表示赞同"这我同

意"。在例（5）中，甲、乙在谈论电影，乙在第2、4行表示自己与甲有相同的爱好"我也喜欢看武打片"、"我也喜欢看"。在例（6）中，甲抱怨电视中插播的广告太多，对此，乙表示赞同"也是"（第3行）。

(4)
1 甲：中国学生一般都努力读书，有这个传统。
2 乙：知道读书当然好，但也不能读死书，死读书。
3 甲：什么意思？
4 乙：也就是说读书是为了用。有需要才能学好。
5 甲：→这我同意。

(5)
1 甲： 我就是喜欢看轻松的电影。对了，还有武打片。
2 乙：→我也喜欢看武打片。你看过《卧虎藏龙》吗？
3 甲： 看过啊，非常好看。
4 乙：→我也喜欢看。我们去查查现在电影院在上演什么好电影？

(6)
1 甲： 电视当然也有好节目，不过太少了。
2 还有，电视里老是插播广告，真让人受不了。
3 乙：→也是。哎，对了，你知道学校的有线电视有个国际频道吗？

　　上面三例虽然只是一本教材中的例子，却比较具有代表性，反映出传统教材中模拟会话的几个典型问题。首先，教材对话缺乏自然会话中的时间性和节奏。上述三例对话中，话轮的转换整齐划一，通常是一个人说完，下一个人再接着说，没有自然口语中快速打断对方谈话、话语重叠，或是双方共同完成话语的情况。其次，在自然会话中，赞同的意见常常是强化的。然而在上述三例中，赞同的意见并未有系统地强化：它们或是通过平铺直叙的"这我同意"来表达相同的立场，或是用"也"字句来表达相同的爱好，甚至用程度更弱的"也是"来表达让步、妥协的赞同。从语篇的角度来看，自然会话和教材对话在表达赞同以后，谈话的后续发展途径不同。在自然口语中，表示赞同的一方常常继续发展当前的谈话。在模拟会话中，后续发展则缺乏系统性，常常是说话人在表达赞同后，马上跳跃到一个新的话题，如例（6）第3行所示。

　　此外，自然会话中赞同的表达方式往往取决于多种因素，如在谈话中出现的位置、信息结构、说话人的立场等。然而，教材的模拟对话既缺乏对对方话语的及时回应，也缺乏根据谈话内容进行的调整，常常是一个人占有很长的话轮，演讲式地发表评论，如例（7）所示。例（7）来自另一本在北美出版并普遍使用的教材。在第2～5行，甲阐述了自己对住宿问题的观点，其间，乙没有做出任何反应。等甲陈述完，乙才表示了认可（第6行）。缺少互动成分使甲的长篇大论不像是对话，而更像个人独白或演讲。其中的连接词"除了……还……"、"再说"更使得这段话接近书面语而不是自然口语。

(7)
1 乙：　你为什么住校外？你觉得住在校内好，还是住在校外好？
2 甲：→有的人喜欢住学校宿舍，觉得又方便又安全，
3 　　→有的人喜欢住在校外，因为校外的房子比较便宜。
4 　　→我住在校外，除了想省点儿钱以外，还为了自由。
5 　　→再说，住在校内也不见得很方便。
6 乙：　真的吗？那我以后也搬到校外去。

3　反对的表达

上文探讨了在自然口语和传统教材中常见的表赞同的方式，本节讨论对立观点的表达。

3.1　自然口语中反对的表达

3.1.1　弱化、包装的反对

自然口语中的反对意见常常是经过弱化、包装的，如例8所示。在第3行，窦表达了较为极端的个人观点："……这个中国人啊，失去了语言。"对此，王表达了不同意见："@@您说忒严重了。@"（第4行）。

(8)
3 窦：　我们这个，就说这个中国人啊，失去了语言。我 – 我说这意思是什么啊。
4 王：→@@您说忒严重了。@
5 窦：→对，我说的忒严重了，您好比，例如说啊，我在香港。

王的反对力度通过敬语"您"、程度副词"忒"和伴随的笑声进行了弱化。另外，这一表达只是表示出对窦的评论程度的不认可，并没有推翻窦的整个论断。面对不同意见，窦不是直接否定或者拒绝，而是先肯定了对方的意见"对，我说的忒严重了"，然后举例支持自己的观点。所以，窦的"对，我说的忒严重了"不是绝对的同意，而是一种"弱化的赞同"（weak agreement），预示将要陈述的反对意见（Pomerantz, 1984; Levinson, 1983; Mulkay, 1985）。由此可见，反对意见常常是以一种较为委婉曲折的、不损害对方面子的形式呈现出来的；有时看似赞同的表达常常预示着

反对。

3.1.2 反对意见的延迟

自然口语中的反对意见常常通过问题、沉默等插入序列（insertion sequences，参考 Schegloff，1972）延迟，给说话者时间和机会修正自己原先的话语，进而与交谈者达成共识（Pomerantz，1984；Schegloff，2007：71），如例9所示。在第1行，玲发表评论："在美国不好找。美国女生少。"在第2行，听话人没有做出及时的回应，暗示听话人并不完全接受玲的论点。经过短暂沉默，姜在第3行表达了略带疑虑的认可"是吧"。佟则用问题"谁说的？"（第4行）质疑信息的来源与可靠性。玲在第6行提供了解释，将评价对象缩小到一个特定的范围（美国女生→读书的什么），并最终和佟达成了共识（第7～8行）。

(9)
1 玲：　　在美国不好找。美国女生少。
2　　→　（..）
3 姜：　　是吧。
4 佟：→　谁说的？
5　　　　（..）？
6 玲：　　就是少啊。（...）读书的什么（这个）的都比男生少得多。
7 佟：→　那是中国人。
8 玲：　　嗯。中国人。

3.2 传统教材中反对的表达

传统教材中反对意见是怎么表达的呢？例（10）和例（11）均来自在一本北美使用的教材。在例（10）中，甲和乙在谈论电影。

(10)
乙：　　他们就是要逗人乐，其实又没有内容又没有意思，都是傻笑。
甲：→不能这么说，这些电影还是很有思想的，再说逗人乐有什么不好？
乙：　　你喜欢看进口的美国大片吗？
甲：　　喜欢看，那些演员演得真好。
　　　　不过有时候有太多的暴力和性，让人不舒服。
乙：→我不同意，其实那往往是最精彩的部分。
　　→你不能只看到暴力和性，应该看到通过故事表现出来的深刻思想和人性。

这段模拟会话中表达反对的方式很不自然。首先，反对意见是未经包装或弱化的，表达的方式过于直接，如直接阐述个人立场"我不同意"或是否定对方观点"不能这么说"，以及用教训的口吻指责对方的做法"你不能只看到……，应该看到……"等，不符合日常会话的习惯。其次，如前所述，自然会话中的反对常常通过沉默、问题等插入序列延迟；然而在模拟会话中，表达赞同和反对的时间性和谈话节奏并没有明显的差异。上例中的反对意见是直接、快速地表达出来的。

此外，在真实会话中，问题的设计体现问话者的预设，常有积极的倾向（Raymond, 2003）。例如，我们会问一个刚生了小孩的妈妈"是顺产吧？"，而通常不会问"难产吧？"。然而，在教材会话中，许多问题的设计使得对方不易做出赞同的表示，如例（11）所示。甲在叙述了中国节日的饮食习俗以后，询问乙美国节日的饮食习俗。相对于中性的特殊疑问句（如"美国人过节吃什么？"），说话人采用了否定形式的是非疑问句"美国的节日没有什么特别的食物吧？"，表达了问话者明显的倾向性，甚至传达了一种轻蔑、不屑的负面态度。

(11)
1 甲： 在中国有很多节日有特别的食物，像春节吃饺子，
2 　　　元宵节吃元宵，端午节吃粽子，中秋节吃月饼，多有意思。
3 →美国的节日没有什么特别的食物吧？
4 乙：→谁说的？
5 　　　我们感恩节全家聚在一起，都吃火鸡大餐。

由于这两段模拟对话没有交代背景，我们不知道交谈双方的关系怎样（朋友？同事？同学？），也不知道是在什么情境下的对话。假设教材中所示范的语言应该能适用于最普遍的情况，那么，这样直接、强烈地表达反对无疑是高度标记性的。学习者如果在现实生活中使用这样的语言模板，可能会遇到许多交际中的实际问题，被视为"语用无能"。

4　自然口语和传统教材中赞同和反对表达的比较

由上可见，自然口语和传统教材中表达赞同和反对的方式存在巨大差异，如表1所归纳。

表1　自然会话和传统教材表达赞同和反对的方式比较

表达	自然会话	传统教材
赞同	快速、及时 直接、强化 方式多样（语言、副/非语言手段） 方式取决于多种因素 自然对话倾向于表赞同	时间性不明确 直接，缺少程度变化 话轮分布平均、结构整齐 表达方式单一（语言手段） 缺少根据语境所做的调整 没有明确的倾向性

续表 1

表达	自然会话	传统教材
反对	延迟 弱化 方式多样(语言、副/非语言手段) 方式取决于多种因素 自然对话不倾向于表反对	时间性不明确 直接,有时强化 方式单一(语言手段) 缺少根据语境所做的调整 没有明确的倾向性 高度标记性

由表 1 可见,自然会话中人们倾向于表达赞同、表现交谈双方的同一立场,因此赞同的表达常常是快速、直接、强化的;反对意见因为会威胁到对方的面子(Brown & Levinson,1987:70),是交谈双方所尽力避免的,因此反对意见通常是延迟、弱化的。教材语言则不反映这样的倾向:无论是赞同还是反对,时间性都不明显。在教材对话中,赞同的表达很少是强化的,而在表达反对的时候常常是以直接的、甚至是强化的方式表达出来的。这样的表达无疑是高度标记性的,与真实口语中常规的语言使用相违背。

另外,在语言资源上,自然会话可以通过词语的重复、语言形式的复杂化,或副语言手段(如声调、动作)来表达说话人丰富的认识、感情立场;传统教材表达赞同和反对的语言资源比较单一,通常是通过词汇和语法来表达,而忽略语言结构本身的语用功能或副语言资源,也缺少根据语境所做的调整。绝大多数教材缺乏对声调系统的指导和练习,与课文配套的录音通常是平铺直叙、语调单一的,很难为学生提供适当的语用模型。

5 对教学的启示

观察到自然口语和教材语言巨大的差异,如何在教学中使用真实口语材料提高学生的语用能力?我们认为,首先要采用真实语料作为传统教材的补充。在教学过程中,则可采用 McCarthy 和 Carter(1995)提出的"三个 I"的教学模式,即示例(illustration)、互动(interaction)和推演(induction)。

首先,在示例环节,教师应让学生有机会接触真实的口语材料,鼓励学生多观察真实的交际活动。例如,除了在课堂上听真实语料之外,老师还可以布置作业让学生跟母语者交流,让学生记录下来母语者是如何表达赞同或反对的。其次,单纯提供真实的输入还不够,因为学生更倾向于从字面上理解母语者的话语,而忽略交际过程中的语用技巧。根据二语习得的理论"没有注意,就没有习得"(Ellis,1995:89;Schmidt,1990),教师应针对语用特征,提供明确的解释。例如,指出在自然交际中赞同和反对在表达方式(直接 vs. 间接)、时间性(快速 vs. 延迟)和表达程度(强化 vs. 弱化)上的差异。

在互动和推演的环节,教师可以鼓励学生自己总结语言形式选择背后所蕴含的人际互动功能和篇章话语特征。例如，教师可以让学生听完前面的叙述，让学生分别扮演王、窦、查的角色，预测三者将会做出什么样的评价。老师可以提示三者在表达赞同意见时的不同角度、方式和感情色彩（直白的、讽刺的、简短的等）。随后将学生的回答与实际会话进行对比，分析差异存在的原因。这样的练习不仅有助于考察学生对前面话语的理解，而且可以培养他们有意识地关注谈话进程，并预测对方话语的能力。现场的判断、分析和预测是真实人际交往中一项重要的技能。

设计练习（1）
6 王：那不是一上来，<VOX>↑爷爷∷，你回∷来∷啦。<VOX>
7 窦：@@@。
8 查：@@@
9 王：这个∷，台湾呢，就[_____。（直接的评价）
10 窦：   [_____。（讽刺的评价）
11 查：   [_____。（简短的赞同）

在表达反对的练习中，教师可以设计活动让学生认识到常态的和标记性的反对之差异，并培养学生根据语境选择适当的语言的能力。如在下例中，针对说话人在第1～2行的极端言论，引导学生如何以戏谑、揶揄的口吻给出夫妻间直接的反对，以及普通朋友之间的包装、弱化的反对，并和原录音进行对比。

设计练习（2）
1A：对呀∷，他们说就在中国城那边，哎哟，跟国内似的，各种辅导班儿。(0.5)
2   只有你想不到的，我跟你说，没有它没有的。(1.0) 真的。
3 B：_____。（夫妻间直接的反对）
  B′：_____。（普通朋友之间弱化的反对）

6 结 论

本文针对语言教学中提高学习者语用能力的难题，以赞同和反对的表达为例，揭示了传统教材与真实会话在实现具体言语行为上的差异，并提出了改进教材和课堂教学的建议。根据上述研究，我们认为现行的语言教材应采用真实语料作为传统教学的补充，以更准确地反映母语者使用目的语的情况，为学习者提供适当的语用模型。现行课本中语法的编写应基于自然口语研究的成果，而不是编纂者的直觉。教学应强调形式和功能的紧密联系，反映言语交际行为在实际使用中的系统特征。另外，课本教授的内容应该从最普遍的、非标记性的用法开始，根据学生程度和实际需要，逐渐增加一些在特定人群中间、为实现特殊交际目的的标记性用法。课堂活动的设计也应提供更多的机会让学生观察、接触并参与真实的交际活动。

参考文献

[1] Bachman L. Fundamental considerations in language testing [M]. Oxford: Oxford University Press, 1990: 87.

[2] Bardovi-Harlig K, Hartford B S. Congruence in native and nonnative conversations: status balance in the academic advising session [J]. Language Learning, 1990, 40 (4): 467-501.

[3] Brown P, Levinson S C. Politeness: some universals in language usage [M]. Cambridge: Cambridge University Press, 1987.

[4] Ellis R. Interpretation tasks for grammar teaching. TESOL Quarterly [J], 1995, 29: 87-106.

[5] Gilmore A. A comparison of textbook and authentic interactions [J]. ELT Journal, 2004, 58: 363-374.

[6] Gilmore A. Authentic materials and authenticity in foreign language teaching [J]. Language Teaching, 2007, 40: 97-118.

[7] Goodwin M H. Processes of mutual monitoring implicated in the production of description sequences [J]. Sociological Inquiry, 1980, 50: 303-317.

[8] Goodwin C, Goodwin M H. Assessments and construction of context [M] // Duranti A, Goodwin C. Rethinking context: language as an interactive phenomenon. Cambridge: Cambridge University Press, 1992: 147-189.

[9] Goodwin C, Goodwin M H. Concurrent operations on talk: notes on the interactive organization of assessments [J]. IPrA Papers in Pragmatics, 1987, 1 (1): 1-52.

[10] Heritage J, Raymond G. The terms of agreement: indexing epistemic authority and subordination in assessment sequences [J]. Social Psychology Quarterly, 2005, 68 (1): 15-38.

[11] Jefferson G. Transcript notation [M] // Atkinson J M, Heritage J. Structures of social action: studies in conversation analysis. Cambridge: Cambridge University Press, 1984: ix-xvi.

[12] Kasper G. Teaching-induced aspects of interlanguage discourse [J]. Studies in Second Language Acquisition, 1982, 4: 99-113.

[13] Kasper G. Can pragmatic competence be taught?. Keynote address presented at the International TESOL Convention, Orlando, FL, 1997, March.

[14] Kasper G. Learning pragmatics in the L2 classroom [M] // Bouton L F. Pragmatics and language learning monograph series. University of Illinois, Division of English as an International Language, Urbana-Champaign, IL, 2001: 1-22.

[15] Lerner G H. Notes on overlap management in conversation: the case of delayed completion [J]. Western Journal of Speech Communication, 1989, 53 (2): 167-177.

[16] Levinson S C. Pragmatics [M]. Cambridge: Cambridge University Press, 1983.

[17] McCarthy M J, Carter R. Spoken grammar: what is it and how can we teach it? [J]. ELT Journal, 1995, 49 (3): 207-218.

[18] Mulkay M. Agreement and disagreement in conversations and letters [J]. Text, 1985 (5): 201-227.

[19] Pomerantz A. Agreeing and disagreeing with assessments: some features of preferred/dispreferred turn shapes [M] // Atkinson J M, Heritage J. Structures of social action. Cambridge: Cambridge University Press, 1984: 57-101.

[20] Raymond G. Grammar and social organization: yes/no interrogatives and the structure of responding [J]. American Sociological Review, 2003, 68 (6): 939-967.

[21] Schegloff E A. Notes on a conversational practice: formulating place [M] // Sudnow D. Studies in social interaction. New York: Free Press, 1972: 75-119.

[22] Schegloff E A. Sequence organization in interaction: a primer in conversation analysis [M]. Cambridge:

Cambridge University Press, 2007.

[23] Schmidt R. The role of consciousness in second language learning [J]. Applied Linguistics, 1990, 11 (2): 129 – 158.

[24] Tannen D. When is an overlap not an interruption? One component of conversational style [M] //DiPietro R J, Frawley W, Wedel A. The first delaware symposium on language studies. Newark: University of Delaware Press, 1983: 119 – 129.

[25] Tao H. The gap between natural speech and spoken Chinese teaching material: toward a discourse approach to pedagogy [J]. Journal of the Chinese Language Teachers Association, 2005, 40 (2): 1 – 24.

[26] Tao H. Teaching Chinese with authentic materials [EB/OL]. http://calper.la.psu.edu/downloads/pdfs/CALPER_ALP_Chinese.pdf. 2007.

[27] Wolfson N. Perspectives: Sociolinguistics and TESOL [M]. New York: Newbury House, 2012.

[28] Xian L, Wu H, Tao H. Using authentic materials for language teaching: the theoretical import and teaching practice in Chinese [J]. Journal of the Chinese Language Teachers Association, 1989, 47 (1): 135 – 157.

附录 转写规范（在 Jefferson（1984）基础上有改动）

转写符号	符号解释
(..) / (0.5)	停顿，(.) (..) 表短暂的停顿，(...) 表长时间的沉默；(Number) 表示具体的停顿时间
↑	音调升高
加粗、斜体	音量提高
^	强调的重音
::	音节的延长，":"越多，表明音节拖得越长
[	谈话双方的话语开始重叠
@	笑声
((word))	转写者的注释
\<VOX\>	直接引语
Wor –	话语的中断
。	句尾声调下降
,	句尾声调居中
?	句尾声调上扬
=	紧接着上一句说
.hh	吸气声
(word)	不确定的转写
→	指出当前讨论的语言现象所出现的位置

吴海平，美国洛杉矶加州大学亚洲语言文化系
haipingwu@ucla.edu

（责任编辑 苏丹洁）

对外汉语文化教材的考察与分析
——以《双双中文教材》为例

姜 蕾 张 丽

摘 要： 本文从课文内容选择和编排、汉字与词汇、练习等方面入手，对《双双中文教材》的文化教材部分做了分析。经考察发现，这套教材的课文内容选编和词汇选择较为科学、系统，但是文化知识的讲授没能充分考虑青少年的兴趣所在以及学习文化的实际功用；教材虽比较注重知识的学习，却忽略了学生对文化知识应用能力的培养。

关键词： 对外汉语；文化教材；编写

《双双中文教材》（以下简称《双双》）是美国加州双双中文学校校长王双双在海外多年的汉语教学实践基础上编写的汉语教材。该教材属中国国家汉办规划教材，2005年11月由北京大学出版社首次向全球发行。《双双》全书共20册，第1～9册重点集中在语言知识上，包括识字、拼音、句型、短文的学习；第10～20册是初步的、较系统的中国文化学习，内容涉及10个文化专题：中国成语故事、中国地理常识、中国古代故事、中国神话传说、中国古代科学技术、中国文学欣赏、中国诗歌欣赏、科普文章选读、中国古代哲学、中国历史（上、下）。每册都包含课本、练习册和CD-ROM。本文只考察第10～20册以文化学习为主要内容的中文课本。

1 教材考察

1.1 课文内容选择

《双双》是一套专门为海外青少年编写的中文课本，在经过第1～9册的语言学习之后，学习者已经具备了一定的汉语知识；文化教材第一本《中国成语故事》（第10册）的"说明"指出，"适用于学习掌握800个以上汉字的学生使用"。

王双双在这套教材的"前言"中指出："我将汉字的学习放入文化介绍的流程之中同步进行，让同学们在学中国地理的同时，学习汉字；在学中国历史的同时，学习汉字；在学中国哲学的同时，学习汉字；在学中国科普文选的同时，学习汉字……""教材编写的指导思想是：将汉字和中国文化的学习同步进行，培养学生既会中文，又对中国文化多有了解。"由此看出，这套教材的教学目标是：让学生在学习、了解中国文化的同时学习汉字，在学习汉语的同时感受中国文化。

李晓琪（2006）对语言中"文化因素"的定义为："与对目的语的理解和用目的语表达密切相关的文化因素，是隐含在目的语的结构系统和表达系统中反映该民族的价值观念、是非取向、衣食住行、风俗习惯、审美情趣、道德规范、生活方式、思维方式等方面的特定的文化内涵"。由此可见，"文化因素"是隐含的，并且涉及目标文化的方方面面。

用李晓琪的"文化因素"来审视《双双》的文化课内容编排（表1），不难发现，《双双》所涉及内容几乎都是关于古代中国的，这种"从古谈起"的文化介绍方式非常典型。面对当代的海外学生，除了传统文化，他们更需要了解现在的中国和中国人的是非取向、价值观念、生活方式、思维方式等，以及如何利用这些文化知识与中国人进行更愉快、更有效的交流。

表1 《双双》文化课内容编排

年级	课	程
四年级	10. 中国成语故事	11. 中国地理常识
五年级	12. 中国古代故事	13. 中国神话传说
六年级	14. 中国古代科学技术	15. 中国文学欣赏
七年级	16. 中国诗歌欣赏	17. 科普文章宣读
八年级	18. 中国古代哲学	19. 中国历史（上）
九年级	20. 中国历史（下）	

相比之下，另外一本教材《汉语文化双向教程》①（以下简称《双向》），同样是面对不太了解中国文化的海外学习者，其内容编排（表2）就大有不同。《双向》是从初级向中级阶段过渡的汉语综合教材，语言和文化双向并重，"是适用于初、中阶段的文化课使用的语言文化类教材"（丁宁，2008）。

表2 《双向》课文内容编排

第一课	发展中的中国	第七课	中国神话	第十三课	中国妇女地位
第二课	历史名城北京	第八课	中国的园林艺术	第十四课	中国人面子问题
第三课	古代帝制	第九课	老庄哲学	第十五课	中国人的人际关系
第四课	中国的水观念	第十课	中国戏剧	第十六课	中国的乡情
第五课	北京的胡同	第十一课	中国相声和作家		
第六课	中国的天人观	第十二课	中国的计划生育政策		

《双向》在内容选择上也有中国古代文化知识，但同时有很多内容是向学习者介绍现在的中国和中国人（如"发展中的中国"、"中国的计划生育政策"、

---

① 《汉语文化双向教程》由中国人民大学对外语言文化学院李泉教授和美国狄根森大学东亚学系学者杨瑞合作编写，由北京语言文化大学出版社于1999年出版。

"中国人的人际关系"等），可以对交流起到很大的帮助作用。课文内容贴近生活，容易吸引学习者，更有利于实现学习目的。

Cunningsworth（1984）曾指出，教材应该与学生需求一致，适合学习目标。所授内容能够令学生学以致用是教材成功的关键。面对海外的青少年学生，在编排内容时古代文化不是不能选，只是应该考虑如何让古代文化与现代中国联系起来。教材应该在交流中发挥积极作用，让文化"活起来"，而不只是停留在书本上；要使学习者从开始接触中国文化起就产生极大的兴趣，逐渐可以利用所学知识与中国人交流，积极地体验、了解真正的中国文化。

1.2 课文内容编排

在学习过程中，学生的认知活动有其客观规律，必须遵循由易到难、由浅入深、由已知到未知等循序渐进的原则。因此，我们要求在教材编写和教学活动中，在区分难易、繁简的基础上合理、恰当地编排次序（吕文华，2002）。

如表 1 所示，从内容安排上来看，由具体逐步过渡到抽象。四年级刚开始接触文化的时候，学生首先学习成语故事这样短小有趣的内容，激发他们的学习兴趣；之后开始学习地理常识，直观易懂。五年级学习内容较丰富的中国古代故事和神话传说，仍然是以讲故事为主。六年级学习古代科学技术和文学欣赏，对文化的学习逐渐深入，从最初的读故事、"看热闹"阶段进入欣赏和体会阶段。七年级学习诗歌欣赏和科普文章选读，学生开始接触较为抽象的中国文学形式，以及用中文学习略带专业性的知识。八年级、九年级分别学习抽象的哲学知识和综合性内容——中国历史（涉及政治、军事、经济和文化等多方面内容）。课程的安排符合认知规律——由简到繁、由具体到抽象。

1.3 课文内容的功能体现

现在我国对外汉语教材的编写进入结构—功能—文化相结合的时期，"功能"是教材编写的原则之一。"'功能'是指语言的社会交际功能，在对外汉语教学中应有计划地选择和安排功能项目，注意培养外国人用汉语进行交际的能力。"（程棠，1996）教材的内容应该"对学习者有用，教材的编排好教易学。""所谓对学习者有用，是指教材能够最大限度地满足学习者实现他们在外语学习的目标和效率方面的功利之用。"（李泉，2007）

《双双》教材中没有体现出日常交流中所需要的功能项目，也没有设置任何与生活有关的交际场景（如学校、商场、飞机、餐馆等），更没有采用类似于对话这样的形式来体现文化在生活中的实际应用。"文化"本身很抽象且内容广泛，只有把它们融入生动的生活场景中，才能让学习者体验和接受。但其 11 本文化课本（第 10～20 册）主要是关于中国文化的知识性介绍，例如：

中国背靠欧亚大陆，面向太平洋，是世界著名的季风气候区。冬季冷风从西伯利亚吹向中国，因此中国大部分地区寒冷干燥。夏季，中国大部分地区天气炎热。季风从海洋吹向中国大陆，带来大量雨水，所以中国广大地区降雨集中在夏季。中国西北部由于高山阻挡，

夏季风吹不到哪儿,因此干旱少雨。(《中国地理常识》,第六课《气候》)

教育心理学指出:凡是相对强烈、对比明显、不断变化、带有新异性与刺激性的事物都会引起人们的兴趣;有些事物虽无新异性,但跟人们已有的知识经验密切联系,能满足人们获得新知识经验的需要,也会引起兴趣;对事物愉快的情感体验,同样可以引起兴趣。由此看来,教材所体现出的功能也会影响学习者的趣味。

赵金铭(1998)认为:"在对外汉语教材中,要想内容有意思,首先要突破一些旧框框,例如我们编课文首先考虑'要有思想内容'、'要富有教育意义'、'要弘扬中华文化',岂不知就是这些使得我们编课文时缩手缩脚,放不开。"

因此,如果不是只把注意力放在文化本身及其思想层面上,而是让"死的"知识在"活的"生活中体现功能,让学习者在日常生活中体验知识,会提高他们对文化的兴趣,增加教材的趣味性。例如,把古代哲学思想与现在人的行为联系起来,既可以解释学习者在与中国人打交道时的一些疑惑,也可以激起他们进一步了解中国文化的热情。

在以上这两方面,《双向》的做法值得借鉴。其课文分为对话和短文两个部分,例如第十七课《中国的乡情》:

对话　山东人真好客

桑林:你们俩已经在村里住了三天了。这儿的条件可比我们学校留学生楼差多了,我真担心你们在这儿住不惯。

茉莉:那你算是白担心了,告诉你吧,这三天是我在中国最快乐,也是最难忘的日子。

大为:桑林,你们村的老乡对我们太热情了。今天东家请我们吃饺子,明天西家请我们吃烙饼;家家都做了那么多菜,还准备了白酒和啤酒。山东人真好客。

茉莉:我们这一来,给你们家带来了很多麻烦,我真觉得不好意思。今天要是再有人来请我们吃饭,我们就不去了。桑林,你看行吗?

桑林:那不好。我们村里的人都很实在。他们诚心诚意来请你们,你们要是拒绝了,他们一定会觉得很没有面子。

对话的内容主要说的是山东人待客热情。后面短文的主要内容则是关于中国乡情的:

中国传统的生活方式是"日出而作,日入而息"。人们祖祖辈辈生活在一个地方。生在这儿,长在这儿,死在这儿,埋在这儿。所以中国人很早就形成了一种故土难离的民族心理。人们一般不愿意背井离乡到外地去工作,即使在外面混得很成功,人人羡慕,也还是常常怀念自己的家乡。在中国人看来,家乡无论多么贫穷落后也比别的地方好,连月亮也是故乡的更圆。

课文首先把中国民风淳朴、热情好客的文化内容纳入对话中,学习者在模拟场景中体验到文化,但可能会产生好奇或不解的心理,随后的短文马上做出解释,学习者心头的疑问得到解决,同时对文化内容的印象也更深刻了。对话使用简单的口语,很容易被模仿并在交际中使用。《双向》的课文能很好地体现语言功能和交际效果。而《双双》只是单一地介绍文化知识,学习者学到的文化始终停留在知识层面,还不能被有效地转化成实际的语言能力。

1.4 词汇

1.4.1 词汇等级和词汇量

词汇难度和词汇量也是考量汉语第二语言教材编写质量的重要因素。

为了考察《双双》的词汇使用情况是否适合识字量有限的初级水平海外青少年,我们把四年级到九年级的教材分为三个等级:四年级和五年级为一级,六年级和七年级为二级,八年级和九年级为三级;在每个等级中挑选一本书,在每本书中随机选择三篇课文做词汇等级抽样调查:在《中国成语故事》一书中选取了第一课《守株待兔》、第六课《胸有成竹》和第十课《愚公移山》,从《中国文学欣赏》中选取了第三课《草船借箭》、第五课《鸡毛信》和第七课《将相和》,从《中国古代哲学》中选取了第二课《孟子的思想》、第四课《墨子的思想》和第八课《〈易经〉的思想》。表3为考察结果。

表3 《双双》文化课本词汇等级抽样统计

课本	词汇总量	甲级(词数/%)	乙级(词数/%)	丙级(词数/%)	丁级(词数/%)	其他(词数/%)
中国成语故事	309	187/60.52%	57/18.44%	15/4.85%	14/4.53%	36/11.65%
中国文学欣赏	995	419/42.11%	177/17.79%	61/6.13%	41/4.12%	297/29.84%
中国古代哲学	472	195/41.31%	99/20.97%	39/8.26%	30/6.36%	109/23.09%

由表3可以看出,文章所使用的词汇均以甲、乙级词为主,两类词汇总数达到总词汇量的60%以上,而其中又以甲级词汇占绝对多数,达到词汇总量的40%~60%。词汇的选用充分考虑到学习对象初级语言基础的实际情况,也与教材说明相符:"适用于以学习掌握800个以上汉字的学生使用"。词汇的难度科学合理是《双双》的一个优点。

《双双》用简单的语言介绍悠远的古代文化,有一定汉语基础的学习者借助于生词表或字典,能够很容易看懂课文。即使是像"古代哲学"这样的抽象知识,通过用现代语言的简单讲解,再配以相关的故事,也可以做到通俗易懂。例如:

二、自然。庄子说的自然不是自然界,而是自然而然。例如刮风下雨是自然,人饿了吃饭、渴了喝水也是自然,一切非人为的存在和变化都是自然。庄子认为,世界上一切事物都是自然而然地存在着,自然而然地变化着。任何事物都有自己的本性,都有自己的生存方式,都有自己的功用。例如马这种动物,蹄子可以踏雪,皮毛可以御风寒,吃草喝水,互相嬉戏,这是马的自然,它们喜欢这样的生活。人们给马带上了马鞍,让它拉车,骑上它赛跑,训练它,用皮鞭打它,这就破坏了马的自然……(《中国古代哲学》第六课《庄子的思想》)

教材的编写是否科学合理还体现在生词量上。每课生词太少则不能充分发挥学习者的学习能力,而生词过多又会让学习者产生厌倦和畏惧的心理。赵金铭（1998）曾说过："对现行的对外汉语教材，学习者的意见普遍集中在下列两条：一是教材内容没意思，二是词汇太多。"与之前的词汇统计一样，我们同样从三个等级的文化课本中各抽取一本进行统计，结果见表4。

表4　《双双》文化课本生词量考察

单位：个

课本	课文											
	一	二	三	四	五	六	七	八	九	十	十一	十二
《中国神话传说》	19	21	16	14	21	21	15	18	15			
《中国古代科学技术》	15	21	18	13	14	21	16	15	17	21	21	20
《中国历史（上）》	15	11	16	15	17	19	15	14	14	13		

如表4所示，每课生词量均控制在21个以内，有的课文后面还会附有选学生词，数量上也不超过5个，例如《中国地理常识》。另外，课文中还常涉及一些人名、地名、国名，或专业、技术等方面的低频词语，在降低文章难度的过程中无法回避或替代，所以只是在文章里标注了拼音，并没有列在生词表里。这样一方面保证了阅读的流畅，另一方面不会增加学生的学习和心理负担。例如，在《中国古代哲学》的第一课《孔子的思想》中，"迦、牟、灏"几个字就做了这样的处理。总体看来，教材的单词量不会对学习造成障碍，符合认知心理学的规律。

1.4.2　识字量基础与阅读量

随着学习时间的加长，学习者掌握的生字越来越多，语言阅读能力稳步提高，《双双》在对识字量和阅读量的要求方面对此均有所体现，基本符合由易到难、由浅入深的教材编写原则。表5是11册文化课本的识字量基础和课文长度统计。

表5　《双双》文化课本词汇量基础和课文长度统计

单位：个

年级	课本	识字量基础	课文长度（字数）
四年级	10. 中国成语故事	800以上	200～500
	11. 中国地理常识	800以上	200～400
五年级	12. 中国古代故事	800以上	350～800
	13. 中国神话传说	800以上	400～700
六年级	14. 中国古代科学技术	1000以上	350～870
	15. 中国文学欣赏	1000以上	1100～1600
七年级	16. 中国诗歌欣赏	1200以上	650～1600
	17. 科普文章选读	1200以上	600～1500
八年级	18. 中国古代哲学	1200以上	700～1000
	19. 中国历史（上）	未说明	500～800
九年级	20. 中国历史（下）	未说明	650～1100

每本书在"说明"部分都会介绍本书适合学生的识字量基础（最后两本除外）。从表5中我们可以看出，识字量基础总体上呈逐级递增的趋势。随着学习的深入，课文也不断加长。从开始的每篇课文200～500个字，到最多的1600个字左右。但是最长的课文出现在了六

年级和七年级，八年级和九年级的课文反而短了一些，这种安排显得不太合理。但总体来讲教材对学生阅读能力的要求越来越高。

1.5 练习

吕必松（1993）在谈到第二语言教材编写时曾说过："练习是第二语言教材最重要的组成部分之一，一部教材练习的好坏，对课堂教学质量有直接影响。"刘颂浩（2009）指出对外汉语教学中练习的编写"应该有明确的目的"，"练习应该有效"。

这11册文化课本的练习主要有以下几种类型：

A. 比一比

钢（钢铁）—刚（刚才） 锅（饭锅）—祸（车祸） 竿（竹竿）—杆（一杆秤） 浆（泥浆—纸浆）……

（《中文科普阅读》第八章《盐井和井盐》）

B. 字词运用

救 求

1. 他跳进冰冷的水中去救人。

2. 奶奶虽然年岁大了，但是尽力自己做事，很少求人。

（《中国古代故事》第七课《三试华伦》）

C. 近义词与反义词

渐渐—突然；爱—恨；冷清—热闹

（《中国神话传说》第四课《嫦娥奔月》）

D. 多音字：

chǔ chǔ chù chù
处 处死— 处到 处 （《中国历史（下）》第十一课《唐（下）》）

E. 词语解释：

同心协力：团结一心，共同努力。

理直气壮：觉得自己有理，态度强硬。

（《中国文学欣赏》第七课《将相和》）

F. 语法讲解

这套教材中涉及的语法问题不多。例如概数的表达：

三十厘米左右 一百个上下 十来个 大约五六个 大概二三十人 十七八个 二百多斤 将近一千人

（《中文科普阅读》第八课《盐井和井盐》）

这套教材的教学目标是"让学生在学习、了解中国文化的同时学习汉语"，那么学习中国文化自然也是这11本教材的重点。课后练习作为教材的重要组成部分，应该有针对性地设计文化练习，将结构、功能和文化结合起来，确保练习可以有效帮助学生吸收文化知识、语言知识，并将其运用在交际中。如上所示，本套教材的课后练习以及配套的练习册将重点全部放在了语言文字上，与其教授文化知识的目标有一定偏差，没能将文化学习和语言学习很好地结合在一起。

我们同时参考了另外一套文化教材 *Active Learning Series*[①] 的安排。虽然此教

[①] *Active Learning Series* 由 OCDF（Our Chinese Daughters Foundation）出版社与海豚出版社（成立于1986年，是一家专业少儿读物出版社）合作开发而成，两位主编——简·利特克博士与李富根分别来自这两家出版社。

材的编写对象与《双双》略有区别①，但其带领学生思考文化、体验文化的做法值得我们学习。Active Learning Series 中与文化练习有关的内容共有三个部分：板报资源和创意、话题讨论以及项目和作业设计；另外，每本书配备的CD光盘中还有20～30个不等的补充练习，供教师上课和学生自学选择使用，同样每个练习都是围绕着文化内容的。现举例如下：

1)《文学》一册的板报内容设计（共十项，选取其中一项）：

把黑板分成几个部分，代表各种年龄范围，例如，儿童、少年、青年人等。让学生找一些杂志上的图片、自己画的图画或者与每个年龄阶段相关的话，表明自己在某个年龄要做什么或者成为什么。

2)《列入世界文化遗产的中国景点》一册中的公告板设计：

每周从光盘里选择一个景点的图片打印出来，把这个景点作为讨论的中心。以故宫为例，让它成为"本周景点"，每天增加有关这个景点的新信息。划出一个空间，叫做"你知道吗？"或者"我发现"，在这里学生可以增加他们了解到的有关这个景点的新内容。例如，"你知道吗：人们说故宫有9999个房间"等等。

3)《哲学与宗教》一册中的作业设计（共5项，选取其中一项）：

制作关于中国人普遍认可的五个宗教的参考书。可以作为班级活动进行，让学生们分组协作，或者每个人做一页。

2 结　论

综上所述，《双双》能够科学系统地编排课文内容、选择所用词汇，使整套教材在这两方面呈现出循序渐进、逐级上升的趋势。但总的来说，这11本文化教材的编写比较注重知识性的学习，对学生文化知识应用能力的培养重视不够，未能充分体现对外汉语教学中跨文化学习的特点，没有引导学生联系身边的事物去思考和体验另一种文化。

文化可以有很多种诠释方法，中国国内很多教材以记忆知识为主要学习方式，缺乏思维发散性的培养，造成学习者缺乏感知和发现差异的能力，对文化的理解往往局限于同一个角度。国外编写的教材在这方面有很多我们可以借鉴的地方，在编写教材时，作者应本着一种"开放性"的态度，鼓励学习者思考和体验新的知识。如何将中国文化与语言交际联系起来，让学习者学得饶有兴趣，并且学有所用，还是需要我们解决的问题。

参考文献
[1] 程棠. 关于"结构—功能—文化相结合"的教学原则的思考 [J]. 世界汉语教学，1996 (6).
[2] 丁宁. 从语言和文化的关系看对外汉语教材的编写——以《汉语文化双向教程》为依据 [D]. 吉林：吉林大学，2008.
[3] 李晓琪. 对外汉语文化教学研究 [M]. 商务印书馆，2006.

---

① 该套教材面向海外从幼儿园到八年级的学生，整个系列共48个主题，每个主题一本书。

[4] 李泉. 论对外汉语教材的实用性 [J]. 语言教学与研究, 2007 (3).
[5] 刘颂浩. 对外汉语教学中练习的目的、方法和编写原则 [J]. 世界汉语教学, 2009 (1).
[6] 吕必松. 对外汉语教学研究 [M]. 北京语言学院出版社, 1993.
[7] 吕文华. 对外汉语教材语法项目排序的原则及策略 [J]. 世界汉语教学, 2002 (4).
[8] 赵金铭. 论对外汉语教材评估 [J]. 语言教学与研究, 1998 (3).
[9] Cunningsworth A. Evaluating and selecting EFL teaching materials [M]. Oxford: Heinemann, 1984.

姜蕾,西安电子科技大学外国语学院
grace_j_lau@163.com
张丽,广东外语外贸大学留学生教育学院
jenny03@126.com

(责任编辑 李春琳)

"已经"和"了₁"的异同及其跟越南语 đã 的对比

[越] 何黎金英　周小兵

摘　要：本文从越南学生习得偏误出发，考察汉语"已经"和"了₁"的区别，对比这两个词跟越南语表已然的时间副词 đã 的异同。发现："已经"和"了₁"尽管都表已然，但在某些条件下不能互换；đã 虽然跟"已经"一样是副词，但其语法功能不像许多语法书和词典说的那样完全对应于"已经"，而是大致对应"已经"和"了₁"。这两点使越南人学习"已经"、"了₁"的难度相当高。通过越汉翻译测试，进一步证实了"已经"、"了₁"的习得难度。

关键词："了₁"；"已经"；đã；偏误

0　问题的提出

越南学生有时会出现如下偏误：

（1）*卖炭翁<u>已经</u>休息了一会儿就不累了，这时他看到城门打开了。（高级作文）

（2）*我妈妈决定让我去中国学习，所以去年暑假我<u>已经</u>学了一个月汉语，然后我来这儿。（中级作文）

（3）*我<u>已经</u>等了半个小时才见到他。（中级作文）

（4）*<u>已经</u>犯了很多错误，人才能成长起来。（高级作文）

（5）*现在我请你们吃饭，以后你们<u>已经</u>有了工作再请我吧。（中级作文）

（6）*昨天晚上，宿舍里<u>已经</u>发生一件偷钱的事。很多警察过来调查但还没找到小偷。（中级作文）

（7）*2003年12月5日到13日，在越南首都河内与别的城市<u>已</u>举行第22届东南亚运动会。（高级生作文翻译）

这些偏误或是误加"已经"，如例（1）～（5）；或是本该用"了₁"却误用了"已经"，如例（6）、（7）。上例用"已经"的地方越南语都用时间副词 đã，表示动作已完成、事情发生，也可表示达到某一程度。

《现代汉越辞典》（Hoàng Thanh, Trịnh Phan, 1995）和《现代越汉词典》（雷航主编，1998）分别把"已经"翻译成 đã，把 đã 翻译成"已经"；《实用越南语语法》（黄敏中 等，1997）把 đã 解释为与汉语"已经"对应的语法形式。确实，đã 在许多情况下可翻译成汉语"已经"。但从上述偏误及纠正情况可看出，越南语 đã 的语法功能有时对应于汉语"已经"，有时候对应于汉语"了₁"。

汉语"已经"和"了₁"都表示动作、变化完成，两者还经常共现。但这两个词在某些情况下不能共现或者互换，说明两者在具体用法上有一些区别。前贤较多对比"已经"和"曾经"，较少分析"已经"和"了₁"的异同。

本文从学生偏误出发，对比"已经"和"了₁"，着重揭示二者的差异；对比这两个词跟越南语 đã 的对应情况，进而解释偏误成因。

1 跟时间词语的共现

1.1 时间长短

"已经"跟时量补语共现时可以表示时间长，如：

（8）他已经学了八年汉语，现在说话跟中国人差不多。

因此，如果说话人认为时间短，不能用"已经"，只能用"了₁"。请对比：

（9）a. 他学了一年汉语。
b. 他已经学了一年汉语。
（10）a. 他学了一年汉语，连一首中文歌都不会唱。
b. 他已经学了一年汉语，连一首中文歌都不会唱。
（11）a. 他学了一年汉语就会唱好多中文歌曲。
b. *他已经学了一年汉语就会唱好多中文歌曲。

（9a）只是客观表示持续时间；（9b）用"已经"，说话人认为"一年"比较长。（10a）没用"已经"，根据后一分句意思，看出说话人认为"一年"比较长；（10b）用"已经"进一步强调时间长。（11）的说话人认为"一年"比较短，所以只能用"了₁"不能用"已经"。可见，当句子有时量补语时，"了₁"既可以表示时间长，也可以表示时间短；"已经"只能表时间长。越南语 đã 跟时量词语共现时，跟"已经"一样也表示时间长，不能用于表示时间短的句子。

一些留学生不知道"已经"和"了₁"的这一区别，出现类似例（1）的偏误：

（1）*卖炭翁已经休息了一会儿就不累了，这时他看到城门打开了。（高级作文）

例（1）中说话人认为"休息"时间不长，不能用"已经"。偏误原因跟目的语规则泛化有关：学习者只知道"已经"能跟时量补语共现，但不清楚表时间短不能用"已经"。

1.2 参照时点

参照时点跟动作行为及其持续时间的关系不同，"已经"和"了₁"的用法也不同。请看例句：

（12）a.*当他赶到约会地点时，我等了他半个小时。
　　　b.当他赶到约会地点时，我已经等了他半个小时。
　　　c. Khi　anh ấy　đến　chỗ
词译：时候　他　到　地点
　　　hẹn　thì　tôi　đã　đợi
　　　约会　就　我　已　等
　　　anh ấy　được　nửa tiếng.
　　　他　　足　半　小时

此例有"他赶到约会地点时"作为参照时点，"等"在参照时点前发生，到参照时点延续了"半个小时"。对比例（12a）、（12b）可知，这种情况要用"已经"，否则句子不成立。从（12c）可知，当句子表示动作行为在参照时点前发生并延续到参照时点，越南语"đã+动词+名词/代词+时量词"对应汉语"已经+动词+了+名词/代词+时量补语"。

请再看下列例句：

（13）a.*我回到家时，他睡了一个多小时了。
　　　b. 我回到家时，他已经睡了一个多小时了。
（14）a.*我走进教室时，张教授讲了十分钟。
　　　b. 我走进教室时，张教授已经讲了十分钟了。
　　　c. 我走进教室时，张教授才讲了十分钟。
（15）a.*我找到小王时，他在那里坐了五分钟。
　　　b. 我找到小王时，他已经在那里坐了五分钟。
　　　c. 我找到小王时，他在那里才坐了五分钟。

（16）a.*当他赶到约会地点时，我到了五分钟。
　　　b. 当他赶到约会地点时，我已经到了五分钟了。
　　　c. 当他赶到约会地点时，我才刚到五分钟。

当前一分句有"……时/时候"作为参照时点，后一分句不管用持续性动词还是非持续性动词，若只有"动词+了+时量补语"，句子就不成立，如以上四例的 a 句；若用"已经+动词+了+时量补语"，句子都成立；若不用"已经"，动词前应该有其他副词，如"才"、"刚"等。

可见，当句子出现参照时点时，句子常表示说话人对动作行为持续的时间或动作发生后到参照时点的时间长短的评价。"动作+了+时量补语"只单纯表示动作持续的时间，并不表示时间长短，所以句子难以成立。"已经/才/刚+动作+了+时量补语"能表示时间长短，所以句子成立。

对比以下三句：

（17）a. 第一次约会那天，我等了他半个小时。
　　　b.*第一次约会那天，我已经等了他个半小时。
　　　c. Ngày　hẹn hò　đầu tiên, tôi
词译：天　约会　第一次　我
　　　đã　phải　đợi　anh ta　nửa
　　　已　得　等　他　半
　　　tiếng đồng hồ.
　　　小　时

此例单纯陈述过去发生的事情，有参照时点"第一次约会那天"，"等"在参照时点内（而非在它之前）发生并延续。对比例（17a）和（17b）可知，此种情况不能用"已经"。从例（17c）可知，当行为在参照时点内发生并延续，越南语"đã+动词+名词/代词+时量词"对应于汉语"动词+了+名词/代词+时量补语"。

请再看下面例句：

（18）a. ？第一次约会那天，我等了他半个小时，今天我可不愿意再等了/今天他又迟到了。
　　　b. 第一次约会那天，我已经等了他半个小时，今天我可不愿意再等了/今天他又迟到了。
　　　c. Ngày hẹn hò đầu tiên, tôi
词译：天　约会　第一次　我
　　　đã phải đợi anh ta nửa
　　　đã 得　等　他　半
　　　tiếng đồng hồ, hôm nay tôi
　　　小　时　今天　我
　　　không muốn đợi nữa /
　　　不　　想　等　再 /
　　　hôm nay anh ấy lại đến muộn.
　　　今天　他　又　来迟

例（18）虽然也表示行为在过去的参照时点内发生并延续，但句子不是单纯陈述，后一分句可以表示现在或将来类似的事情再次发生、说话者不愿意类似事情再次发生等意思。这种情况下，汉语常用"已经__了₁"，若只用"了₁"不能完全表达句子的意思。越南语也要用 đã 才能表达这个意思。

可见，选择"已经 V 了"还是"V 了"，取决于动作行为的发生时间、持续状况跟某个参照时点的不同关系。但不管是何种关系，越南语都使用 đã。đã有时对应"已经__了₁"，有时对应"了₁"。越南学生一方面受到母语干扰，把 đã 翻译成"已经"；另一方面未能掌握"已经"、"了₁"跟时量补语结合时细微的差别，因此出现类似例（1）～（7）的偏误。

1.3　跟"才"的共现

"已经"不能跟强调动作发生晚的"才"共现，但"了₁"可以。请对比：

（20）a. 我等了半个小时他还没回来。
　　　b. 我已经等了半个小时他还没回来。
（21）a. 我等了半个小时他才回来。
　　　b. *我已经等了半个小时他才回来。

这两例的区别在于后一小句。例（20）的后一小句是"名词/代词+还没+动词"，前一小句可以用"已经"。例（21）的后一小句是"名词/代词+才+动词"，前一小句不能用"已经"。"了₁"没有这个限制。原因可能有两个。第一，时间副词"才"强调动作发生晚，这跟"已经"强调时间长重复。第二，前一小句有"已经"又有时量补语时，不但强调时间长，而且要求后一小句的意思跟前一小句同向发展，如例（20b）。后一小句的意思如果跟前一小句逆向发展，如例（21b），句子就不能成立。例（21b）只能删除"已经"，不能去掉"才"，因为句子重心在后一小句上。

一些留学生不知道"已经"不能跟"才"共现，出现类似例（3）的偏误：

（3）*我<u>已经</u>等了半个小时才见到他。（中级作文）

例（3）的偏误成因有母语干扰的因素。越南语的 đã 跟"已经"相近，后一小句为"名词/代词+<u>还没</u>+动词"时，前一小句可以用 đã。后一小句为"名词/代词+<u>才</u>+动词"时，若两个小句主语不同，越南语不能用 đã；若两个小句主语相同，越南语可以用 đã。如下例：

（22）a. *Tôi đã đợi nửa tiếng
词译：我   đã 等   半   小时
　　　anh ấy mới về.
　　　他   才   回来
　　b. Tôi   đã   đợi   nửa
词译：我   đã   等   半
　　　tiếng mới gặp được anh ấy.
　　　小时   才   见 到   他
义译：我等了半个小时才见到他。

一些学生受到母语干扰，把 b 句的 đã 直译成"已经"。

2 跟数量词语的共现

吕叔湘（1980）认为"已经"表示达到某种程度。不强调数量多，一般不用"已经"：

（23）a. ?我不知道永芳堂怎么走。我<u>已经</u>问了一个同学，他也不知道。
　　b. 我不知道永芳堂怎么走。我问了一个同学，他也不知道。
　　c. 我不知道永芳堂怎么走。我<u>已经</u>问了三个同学，最后还是找不到。

a 句只是陈述过去发生的事，用"已经"别扭。b 句不用"已经"就可以了。c 句强调说话人认为数量多，涉及语用因素。再请对比：

（24）a. ?今天上午广深高速公路上已经发生了一起特大交通事故。
　　b. 今天上午广深高速公路上已经发生了一起特大交通事故，现在这么大的雨，可能还会发生事故。
　　c. 本月广深高速公路上已经发生了五起特大交通事故。

a 句简单陈述事情的发生，用"已经"有点别扭。b 句表达说话人对这一事件的忧虑。虽然"一起事故"的数量从客观上看不一定多，但说话人用"已经"强调了他对类似事件的关注，认为数量多，所以句子成立。c 句用"已经"强调说话人认为数量多。在越南语中，无论是在简单陈述句中，如例（23a）、（24a），还是在强调数量多的句子中，如例（23）、（24b）、（24c），都使用 đã。因此，一些留学生容易受母语干扰，生成类似例（6）的偏误。例（6）简单陈述事情的发生，应去掉"已经"，在"发生"后加"了"。

3 将来的已然

3.1 单动词句

先看例句：

（25）a. *明年秋天我上了大学了。
　　b. 明年秋天我已经上大学了。

（26）a. *现在上车，明天这个时候你到了家了。
　　　b. 现在上车，明天这个时候你已经到家了。

表示将来的已然，句末有"了$_2$"，句首有时点词语，谓语动词所指动作在这一时点前发生。此时用"已经"强调动作的完成并得到一个满意的结果。这跟 1.2 节例（12）的情况有点相似。

3.2 多动词句

句子有两个谓语动词，表示第一个动作完成后接着发生第二个动作，第一个谓语动词只能后附"了$_1$"，不能前加"已经"。请对比：

（27）a. 明天你下了课再来找我。
　　　b. *明天你已经下了课再来我。
（28）a. 还有点时间，吃了饭再走。
　　　b. *还有点时间，已经吃了饭再走。

一些留学生不懂上述规则，出现类似例（5）的偏误：

（5）*现在我请你们吃饭，以后你们**已经**有了工作再请我吧。（中级作文）

应去掉"已经"。偏误原因是目的语规则泛化，因为越南语的 đã 也不能用于这类句子。学生认为"已经"和"了$_1$"在任何情况下都可以共现，因而造成偏误。

4 假设句

4.1 可能性假设

若句子表示一种可能性假设，只能"了$_1$"不能用"已经"。请看例句：

（29）a. 吃了这碗药，病才/就能好起来。
　　　b. *已经吃了这碗药，病才/就能好起来。
（30）a. 我若要跑，肯定四酱会在途中杀了我。（Đoàn, 1999）
　　　b. *我若要跑，肯定四酱会在途中已经杀了我。

例（29）的"了"用在假设分句里，表示假设中动作的完成。例（30）的"了"用在表示结果的分句里，表示若前边的假设实现，动作将会发生和完成。可能性假设是在事情还没发生时提出的一种假设，而且这种假设的结果是可能会实现的。但假设的事情未发生，所以不能用"已经"。

一些留学生没有掌握相关知识，生成类似例（4）的偏误：

（4）***已经**犯了很多错误，人才能成长起来。（高级作文）

该句同时强调"犯错误"的完成意和"犯错误"的次数很多。学生以为可以用"已经"，而未掌握表示可能性假设的句子不能用"已经"。偏误原因是目的语规则泛化。

4.2 非可能性假设

非可能性假设是在事情发生后提出的一种跟现实相反的假设。由于句子表示事情已发生，"已经"和"了₁"都可用。例如：

（31）当时如果抓到我，他肯定已经杀了我。

（32）你如果好好表现，说不定现在已经当了处长了。

非可能性假设句有真正的含义。例（31）的含义是"当时他没有抓到我，所以没能杀了我"。例（32）的含义是"你没有好好表现，所以你没能当处长"。

5 其他语用因素

汉语"已经"和"了₁"都可以表示已然态，还经常共现。请看例句：

（33）我已经答应了他们。
义译：Tôi đã hứa với họ.
词译：我 đã 答应 跟 他们

值得注意的是，汉语"了₁"和越南语 đã 常用于简单陈述某事在过去发生，可以不涉及语用因素。这时汉语不能用"已经"。请对比：

（34）Tôi không nén xuống được nữa,
词译：我 不 忍 下 能 再，
　　 đành để cho nó thoát bật ra
　　 只好 让 给 它 发 出来
　　 Thành tiếng nắc và tôi đã
　　 成 声 抽噎 和 我 đã
　　 khóc.（Đoàn，1999）
　　 哭

义译：我忍不住，只好让它迸发出来，化成一声抽噎，我哭了。

（35）各国驻我国大使出席了集会。
　　　（《实用越南语语法》152 页）
义译：Đại sứ các nước tại nước ta
词译：大使 各国 在 国 我
　　 đã tới dự cuộc mít tinh.
　　 đã 来 参加 场 集会

从前四节可以看出，使用"已经"，涉及说话人的主观因素，或强调动作持续时间长（第一节），或强调动作发生次数多（第二节），或强调动作在未来某个时点前将完成并得到满意的结果（3.1）。而例（34）、（35）只是简单的陈述，并没有说话人的主观因素，因此汉语不能用"已经"。

那例（33）是不是简单的陈述呢？我们尝试给它设立多个可能的语境来进一步考察：

（36）a. 我已经答应了他们。
　　　b. 我已经答应了他们，你就不要反对了。
　　　c. 我已经答应了他们，现在不好反悔了。
　　　d. 甲：工作这么忙，周末别带孩子出去了。
　　　　 乙：不行，我已经答应了他们。

不难看出，当谓语是表承诺义的"答应"类动词时，前加"已经"，强调这个承诺不但发出了，而且应该实现。如果没有"已经"，又不用其他语音手段（如重音），就没有这种强调意味了。

一些留学生不明白"已经"使用上的限制和作用，受母语影响，生成出类似（7）的偏误：

（7）＊2003年12月5日到13日，在越南首都河内与别的城市<u>已</u>举行第22届东南亚运动会。

例（7）只是简单陈述，未涉及说话人主观因素，应去掉"已"，在"举行"后加"了"。

6 结 语

总括全文，可以概括出三点：

第一，汉语"已经"和"了₁"在具体用法上有一些区别。主要区别在于，"已经"的使用跟某些语用因素相关，"了₁"的使用则不一定。在特定条件下，二者不能互换，不能共现。

第二，越南语的 đã，大致对应汉语的"已经"和"了₁"。由于"已经"和"了₁"有一些区别，đã 有时对应"已经"，有时对应"了₁"。

第三，从学习难度看，越南语 đã 对应汉语的"已经"和"了₁"，属于对比等级5级，难度等级4级，难度相当大。"已经"和"了₁"差别不明显，往往涉及语用因素，构成目的语内学习难度。这两点会通过母语负迁移和目语规则泛化两个渠道影响越南学生，导致他们出现偏误。

最后补充谈一下第二点。我们对近百名越南学生做过相关的越译汉翻译测试（见附录），收回有效试卷46份。试卷中有三个用 đã 的句子，都只是简单陈述事情在过去发生，不涉及语用因素；翻译成汉语时应用"了₁"而不能用"已经"。结果发现，只有2名学生三句都翻译正确，4名学生一句翻译正确，其余40人都用"已经"而没用"了₁"。

学生一方面受工具书或教材的误导，以为 đã 只对应于汉语的"已经"。以往词典通常把"已经"翻译成 đã，把 đã 翻译成"已经"（见导言）。这个概括误导了学生，使学生以为在所有情况下 đã 都要翻译成"已经"，从而诱发出一些偏误：或是误加"已经"，或是该用"了₁"时误用"已经"。另一方面，学生先学到且经常遇到 đã 对应"已经"的句子，忽略了 đã 在语法意义上还对应于"了₁"这一事实，导致"已经"的误加和"了₁"的遗漏。因此，有必要对工具书中相关词条的解释进行修正，并在教学中采取有针对性的措施，使学习者切实掌握"已经"和"了₁"的用法。

参考文献

[1] 黄敏中，等. 实用越南语语法[M]. 北京：北京大学出版社，1997.

[2] 雷航. Từ điển Việt Hán hiện đại（现代越汉词典）[M]. 北京：外语教学与研究出版社，1998.

[3] 吕叔湘. 现代汉语八百词[M]. 北京：商务印书馆，1980.

[4] Đoàn Giỏi. Đất rừng phương nam（南方林海）[M]. 吴彩琼，编译. Hà Nội: Nhà xuất bản Thế giới（越南世界出版社），1999.

[5] Hoàng Thanh, Trịnh Phan. Từ điển Hán Việt hiện đại（现代汉越辞典）[M]. Hà Nội: Nhà xuất bản Thế giới（越南世界出版社），1995.

附　录：请把下篇短文翻译成汉语

词译：
Từ ngày	5	đến	ngày	13	tháng	12	năm	2003	tại	Hà Nội	và	các	thành	phố	khác	của	Việt Nam	đã
从天	5	到	天	13	月	12	年	2003	在	河内	和	各	城市		别的	的	越南	đã

diễn ra	đại hội	thể thao	Đông Nam Á	lần thứ 22.	Lần đầu tiên	trong	lịch sử,	Việt Nam	đăng cai
举行	大会	体育运动	东南亚	第 22	第一次	里	历史	越南	做东道主

tổ chức	Sea Games -	sự kiện	thể thao	lớn	nhất	trong	khu vực.	Sinh viên	trường	ta	đã	hăng hái
组织	Sea Games	事件	体育	大	最	里	区域	学生	学校	我们	đã	热情

tham gia	đăng ký	làm	tình nguyện viên	cho	Sea Games.	Đoàn	Việt Nam	dẫn đầu	với	158
参加	报名	做	志愿者	给	Sea Games	团	越南	领先	带	158

huy chương,	đứng	thứ hai	là	Thái Lan	với	90	huy chương.	Lễ	khai mạc	và	bế mạc	mang	đậm
奖牌	排	第二	是	泰国	带	90	奖牌	式	开幕	和	闭幕	具有	浓厚

bản sắc	dân tộc	Việt Nam	đã	để lại	ấn tượng	khó quên	trong lòng	người	Việt Nam	và	bạn bè	quốc tế.
本色	民族	越南	đã	留下	印象	难忘	里 心	人	越南	和	朋友	国际

义译：2003 年 12 月 5 日到 13 日，在越南首都河内和别的城市举行了第 22 届东南亚运动会。这是越南历史上第一次做本区域最大的体育运动会的东道主。我们学校的学生热烈报名参加了东南亚运动会的志愿者。越南体育代表团夺得 158 枚奖牌，排第一位，泰国体育代表团夺得 90 枚奖牌，排第二位。具有浓厚的越南民族特色的开幕式和闭幕式在越南人和国际好友心中留下了难忘的印象。

[越]何黎金英，越南河内国家大学下属外国语大学中国语言文化系

kimanhoi@yahoo.com

周小兵，广州市新港西路 135 号中山大学国际汉语学院

flszxb@mail.sysu.edu.cn

（责任编辑　姜有顺）

汉越词与汉语词的词义关系

[越] 阮福禄

摘　要：本文采用比较、分类、分析、举证等方法，以《汉越词词典》所收录的 7810 个双音节词为语料库，对其中 5274 个能在现代汉语中找到相对应的双音节复合词的汉越词从共时的角度进行定量封闭对比研究。经对比分析，我们认为汉越词与其相对应的汉语词词义之间的关系主要有三种类型：词义基本相同、词义基本不同、词义同中有异，分别占语料的 62.8%、8.5% 和 28.7%。我们逐类进行了对比分析，力图揭示它们词义的异同。

关 键 词：汉越词；越南语；词汇对比；偏误

中越两国山水相连，伴随着文化的交流，大量汉语词汇传到越南，被越语吸收、融化，形成了历史悠久、数量多、作用大的"汉越词"（Sino Vietnamese words）系统，成为越南语词汇库的组成部分，对越南语词汇系统影响深刻并在其中占据极其重要的地位。

汉越词与现代汉语词汇有着非常密切的关系，两者之间可以找到许多共同点。然而，汉越词作为越语词汇系统中的一个组成部分，其变化要遵守该系统的发展规律。 与此同时，在中国的汉语词汇——这些汉越词的原型，也根据汉语词汇系统的发展规律而发生变化（包括语音、语法、语义）。此外，它们还深受两国的历史、社会、民族文化、民族心理等语言外部的其他因素所制约和影响，从而使它们之间的距离越来越远，并产生差异。

我们以《汉越词词典》（潘文阁，2001）所收录的 7810 个双音节词为语料库，对其中 5274 个能在现代汉语中找到对应双音节复合词的汉越词从共时角度进行定量封闭对比研究，分析它们在词义上的异同，可以归纳成以下三类：汉越词与相对应的汉语词词义基本相同，占 62.8%；汉越词与相对应的汉语词词义同中有异，占 28.7%；汉越词与相对应的汉语词词义基本不同，占 8.5%。

1 汉越词的词与汉语词义基本相同

这里的"词义基本相同"指的是汉越词的理性义、语法义与相对应的汉语词的理性义、语法义相同。

1.1 词义内容

从词义内容来看,这些词反映人类生活中的各个方面,从传统道德、宗教信仰、社会、文化、教育、经济、军事、法律、科学……到人本身的方方面面,如家庭关系、社会角色、容貌、性格品德、情感态度、动作行为、衣食住行……,可以说是包罗万象,无所不及。

封建制度:朝廷 triều đình;朝政 triều chính;年号 niên hiệu;朝见 triều kiến

宗教信仰:菩萨 bồ tát;尼姑 ni cô;斋戒 trai giới;正果 chánh quả

传统思想:纲常 cang thường;伦理 luân lí;守节 thủ tiết;孝顺 hiếu thuận

民间习俗:端午 đoan ngọ;清明 thanh minh;中秋 trung thu;月老 nguyệt lão

政治、经济、法律、教育:共和 cộng hòa;总统 tổng thống;司法 tư pháp;警察 cảnh sát;商业 thương nghiệp;工业 công nghiệp;教育 giáo dục;学院 học viện

科学术语:实词 thực từ;虚词 hư từ;透镜 thấu kính;光谱 quang phổ

1.2 词性特点

从词性的角度来看,在"基本相同类"当中,词性的主要分布如下:名词占54.4%,动词占27.9%,形容词占12%。此外,还有兼类词和虚词。

这个数字表明,在"基本相同"类中,名词占大多数。这除了因为名词本身数量庞大,是词汇中的"大哥大"(王珏,2001)以外,更值得注意的是名词本身的词义特点。名词所表达的除了抽象概念,有很大一部分是表示具体的、意义比较单一的物质、时间、方位等概念。因此相对来说固定性较强,特别是名物词和术语。这些词被借用以后,无论在汉语还是在越语中,所指的物质或概念仍然相同,这些词的意义基本上保留其原有的意义。如:

(1) <u>Phương pháp</u> xử lý vấn đề nay không đơn giản như bạn nghĩ đâu.
处理这个问题的<u>方法</u>没你想的那么简单。
(2) Trong vườn trồng đầy <u>tường vi</u>.
院子里种满<u>蔷薇</u>。

在以上的例句中,phương pháp,tường vi 分别跟汉语的"方法"和"蔷薇"是完全相同的,学生可以直接替换。

1.3 "基本相同"中的差异

汉语、越语毕竟是两种不同的语言,要求词汇绝对、完全一致不大可能。如果说汉越词和与其相对应的汉语词"相同",那只是停留在词典的解释,是一种"静态"的对比;但是语言是活的,所以还有必要考虑这些词在实际交际中的一些问题。经进一步深入对比,我们发现,在实际运用中,有部分词仍存在一些不同之处,其中较为突出的有以下两个方面。

1.3.1 语体色彩不同

第一,现代汉语是口语或中性的语体色彩,但汉越词是书面语。这种情况最常见。在现代汉语中,这些词具有口语或是中性的语体色彩,但在越语中则是带有明显的书面语色彩。如:

可爱	khả ái	同事	đồng sự
童话	đồng thoại	冠军	quán quân
孤儿	cô nhi	饮食	ẩm thực
姑娘	cô nương	父亲	phụ thân
兄弟	huynh đệ	美人	mĩ nhân
小姐	tiểu thư	母亲	mẫu thân

对于学习汉语的越南学生来说,这些带有强烈书面语色彩的汉越词并未构成交际障碍,不过他们在口语中常回避这些词;相反,学习越语的中国学生则可能说出一些让越南人觉得迂腐的句子。

第二,古为今用:汉古越今。有些词在现代汉语中是书面语,或是带有极强书面语色彩的旧词,适用范围小,但与其相对应的汉越词在越语中则是很普通的词,有的还是口语性强的常用词,如:

名帖	danh thiếp	卒业	tốt nghiệp
润笔	nhuận bút	苦楚	khổ sở
愕然	ngạc nhiên	穿凿	xuyên tạc
盛馔	thịnh soạn	游学	du học

因此,所以如果越南学生说出"我明年卒业"这样的句子也就不足为奇了。

1.3.2 词的搭配不同

汉越词和与其对应的汉语词在意义上相同,在词典的释义中和实际使用中基本上是相同的,不过在搭配上有所不同,因为每一种语言都会有自己的语言搭配习惯。例如,汉语可以说"空中小姐"、"人才市场",但是越语中"không trung(空中)"不能和"tiểu thư(小姐)"搭配,"nhân tài(人才)"也不能和"thị trường(市场)"连用。为表达这些概念,越南语中会选择另一种语言形式来表达:tiếp viên hàng không, thị trường lao động。与此同时,在越语中也存在汉语中没有的搭配,如写收获 viết thu hoạch(写心得)、训练员 huấn luyện viên(教练)、起点工资 lương khởi điểm (起薪)等。

2 汉越词的词义与汉语词义同中有异

汉越词与对应的汉语词在词义上有一定的共同点,也有一些不同的地方,反映出汉越词义错综复杂、交叉对应的情况。这种情况大体是由于同一个词在两个国家的传承和发展过程中词义发生了不同程度的变化造成的。词义的同中有异,以词为单位,表现为义项的增减;以义项为单位,表现为词义的扩大与缩小。

2.1 义项增加与减少

2.1.1 义项增加

义项增加是词义在一个词的范围内表现出来的演变与发展。汉语词汇进入越语以后,在原有词义的基础上,词义进一步发展,产生了新的义项,表现出来即是义项的增加。例如"周围 chu vi",汉语中只有一个义项"围绕中心的部分";越语中除了保留汉语原来的义项以外,又增加了"平面图形的周长"的义项,而且这个义项更为常用。

义项的增加并不是无中生有,大部分是原有词义引申的结果。例如"普遍 phổ biến",汉语中义项为"存在面很广泛的,具有共同性的",越语中增加的义项"传达,使更多的人一起知道"是在原有义项基础上由抽象向具体引申的结果。由于越

语中新增加的义项在汉语中并不存在,因此,越南人常出现用词偏误:

（3）* 学有了新的规定,让我给大家<u>普遍</u>一下。
（学校有了新的规定,让我给大家传达一下。）
（4）* 他打扮得很<u>印象</u>。
（他打扮得很有个性,很特别。）

"普遍 phổ biến"在越语中增加了"传达"的意思,"印象 ấn tượng"增加了"给人留下深刻印象的,有点'与众不同'"的词义,汉语中却解释不通。

2.1.2 义项减少

义项的减少也是词义在一个词的范围内表现出来的演变与发展。它是指在一个汉语词表示的几个义项中,在对应的汉越词中有的义项从这个词的词义范围内消失了。例如"丰富 phong phú",汉越词只有形容词义项,这跟汉语词是相同的,指"种类多或数量大",如"kinh nghiêm phong phú（经验丰富）"、"nội dung phong phú（内容丰富）"。然而,汉语中的"丰富"还有"使丰富"的动词义项,因此可以说"丰富自己的知识"、"丰富工作经验"等。越语中,则必须在"丰富"前加表示"促使"的动词"làm"。类似的还有"代表 đại biểu"、"骄傲 kiêu ngạo"、"保守 bảo thủ"、"传说 truyền thuyết"等。

2.2 词义的扩大与缩小

2.2.1 词义扩大

词义扩大是在词的一个意义范畴内出现词义变化的一种情况,即汉越词的词义范围比汉语词词义大。例如"首长 thủ trưởng",汉语中指"政府各部门中的高级领导人或部队中较高级的领导人",越语中"首长"的所指扩大,泛指部门、单位、机关、军队中的领导人。又如"乌梅 ô mai",汉语中指"经过熏制的梅子",越南语中的"乌梅"包括其他的跟乌梅有同样的制作方法的果子。因此,在越语中有各种各样不同的"乌梅",需要加以说明,如"酸角乌梅 ô mai me"、"金橘乌梅 ô mai tắc"。

2.2.1 词义缩小

词义缩小也是在词的一个意义范畴之内出现的变化情况,即词义的外延由大变小了。例如"宠爱 sủng ái",汉语中指的是"（上对下）喜爱;娇纵偏爱",在越语中"宠爱 sủng ái"的适用对象一般来说只限于"皇帝对嫔妃的喜爱,偏爱（有时也可以用于皇室贵族对下人的偏爱）"。因此,在越南语中绝对不能说"孩子一旦考上大学,父母则宠爱有加",或"他是独子,自小受家里宠爱"这样带有"现代意义"的句子。又如"发觉 phát giác",汉语中表达的是"开始知道（隐藏或以前没有注意到的事）",越语中的"发觉 phát giác"跟汉语相比,其关系对象明显地缩小,特指发现"以前没人知道的违法行为"。类似的还有"打通 đả thông"、"平静 bình tĩnh"、"薄弱 bạc nhược"等。

3 汉越词的词义与汉语词义不同

汉越词的词义与对应汉语词的词义不同,即二者的指称范围不同,词义表示的概念也不一样。例如"书记 thư ký",

在汉语中表示"党、团等各级组织中的主要负责人",越语中却指"掌管文书并协助机关或部门负责人处理日常工作的人员",相当于汉语中的"秘书"。

虽然汉越词的词义与相应的汉语词汇的词义不同,但是,一般来说与构成它的汉语语素的意义有一定关系。有时,复合词的词义与两个构词语素都有关系,理解了两个语素的意义,就不难理解该复合词的词义。但是需要注意的是,汉越词构词语素的意义往往保留着古代汉语中的词义,与现代汉语有较大的差异。例如"事情 sự tình",汉语中指"人类生活中的一切活动和所遇到的一切社会现象",越南语中却表示"事情的真正的情况、原因和演变等"。"情"在古汉语中有"真实、诚实"的含义,越语中的"事情"是由汉语中的"事"和保存古义的"情"组合而成的,这样,复合词的词义与相应的汉语词的词义完全不同。

同一个词在两种语言中词义的差异极易造成词语理解和运用的偏误。如:

(5) Cuộc sống của nhân dân rất sung túc
 *人民的生活很充足。
 (人民的生活很富裕。)
(6) Anh ấy có việc đột xuất chắc không thể đến được
 *他有突出的事,恐怕不能来了。
 (他临时有事,恐怕不能来了。)

在越语中"充足"是"家庭生活富裕"的意思,"突出"则指"意外的,突然出现的",与汉语中的词义大相径庭。

相应的,若中国人说出"我想吃点心"这样的句子,越南人也会误解为"我想吃早点"(tôi muốn ăn điểm tâm),因为汉语的"点心 điểm tâm"在越语中表示"早点、早餐"。类似的词有不少,如"高兴 cao hứng"指兴致很高,"一切 nhất thiết"表示"一定","广播 quảng bá"表示广泛地传播,"继续 kế tục"表示继承,"始终 thuỷ chung"表示感情坚定不移,"顺便 thuận tiện"表示顺利、方便,等等。

从以上的对比分析,我们可以看出,汉越词与其相对应的汉语词之间的关系十分复杂,难以掌握。它们的词义有相同也有相异。它们词义的差别不仅体现了汉语词进入越南语词汇系统后的种种变化,而且还证明了虽然有如此密切的关系,但它们毕竟处于不同的词汇系统中,会根据本国语言的需要而有不同的发展方向,这是一种"双向性"的发展变化。

参考文献

[1]王珏. 现代汉语名词研究[M]. 上海:华东师大学出版社,2001.
[2]潘文阁. 汉越词词典[M]. 胡志明市:胡志明市出版社,2001.

[越]阮福禄,越南胡志明市师范大学中文系

metqua@163.com

(责任编辑 洪炜)

《国际汉语教师标准》和汉语外语师资培训本土化*

[英]张新生

摘　要：国际汉语包含两个层面的内涵：一个是国际的汉语教学，另一个是国际汉语的教学。前者是手段，后者是目的；前者易于通过一些短期措施如经济手段加以实现，后者必须经历本土化的一个较长时期才能实现。为实现国际汉语第一层面的目标，《国际汉语教师标准》从母语国的角度，对国际汉语教师的知识和技能提出了几乎是终极性的原则要求。为了适应各国汉语师资培训的需要，我们应该以该标准为依据，与国外语言教师培训机构合作，结合当地社会的语言使用状况及政府的语言政策，建立国际汉语教师分级考核与认证体制。

关键词：国际汉语教师；师资培训；本土化

1　国际汉语和《国际汉语教师标准》

"国际汉语"一词包含两层意思：一个是国际的汉语教学，另一个是国际汉语的教学。前者侧重汉语在非母语国家与地区的教学，是要让汉语走向世界；后者则侧重汉语作为一种国际性语言的教学，是让汉语融入世界。国际汉语的两重意义意味着国际汉语的发展有两种选择：一是将汉语作为一种强势的世界语言①（world language）进行推广，强调覆盖更多的地理区域；另一个是将汉语逐渐转化成为一种国际语言②（international language），强调拓宽其应用领域。

"国际汉语"概念的提出，标志着汉语外语教学从中国汉语语言环境里教外国留学生汉语的"对外汉语教学"，转移到国外非汉语语言环境里的"海外汉语教学"（刘骏，2010）。国际汉语教学

---

* 本文根据作者在2012年中国国家开放大学举办的第二届国际汉语教师培养论坛上的发言改编。

① 《剑桥英语词典》将"世界语言"定义为在许多不同国家里使用的语言。其特征不仅仅包括使用者（母语或第二语言）人数，还包括地理区域的分布和其在国际机构及外交关系等领域的使用，汉语作为联合国六种工作语言之一，就是一例。英文中还有 global language 一词，但总略有些历史的痕迹。

② 最为接近"国际语言"的英文可能是 lingua franca，即国际通用语言。英文中有国际英语（International English）一说，注重的就是其通用性和多元性，而不在专属于某一个国家或语言族群。

注重的是国际汉语的第一层意义，即国际的汉语教学，将汉语推广至海外，方便世界通过汉语学习了解中国。国际汉语教学是对外汉语教学的自然延续和拓展，也可称为对外汉语教学发展的第二阶段。

过去十年间，孔子学院和孔子课堂以惊人的发展速度遍及全球，也遭遇到师资不足的问题。中国国家汉办在国内对海外汉语教师提供培训，同时在海外举办汉语教师本土化的培训。《国际汉语教师标准》（以下简称《标准》）从汉语母语国的角度出发，为实现国际汉语第一层面的目标即汉语的国际推广而制定，是一种具有中国特色的国际汉语教师的培养模式。

2 国际英语和国际英语教师培训

在语言的国际化及教师培训方面，英语的国际化历史和教师培训经验对我们正在开展的国际汉语教学提供了启示。

英语的早期发展基本是英语母语国政府殖民扩张的结果。如今的国际英语不再是一个由某个国家或民族拥有的单一形式的语言。特别是在强调语言文化多元化的欧洲，国际英语逐渐失去原有的文化性，实用工具性体现得尤为明显。欧盟的不少专业技术会议为了节省成本，工作语言基本都是英语。从语言交际的角度来看，作为外语的英语的跨文化交际（cross-culturalcommunication）正日益被作为国际英语的文化间交际（inter-cultural communication）的需求所替代。

国际英语的教师培训与国际英语的发展需求密切相关。"二战"结束后，世界政治和经济格局的变化以及大量移民的流动，使英语外语教学有了很大的发展。英语外语教学（TEFL）和对其他语言使用者的英语教学（TESOL）等概念和术语相继问世，在20世纪60年代中期还先后有了自己的专业组织，如成立于1967年的英语外语教学协会（ATEFL）等。此外，还出现了英语二语教学（TESL）、专门用途英语教学（ESP），以及后来的作为国际语言的英语教学（TEIL）和作为通用语言的英语教学（TELF）。这些不同的英语教学活动是英语教学市场发展的产物，产生了对不同种类英语教师的需求。在伦敦，相当一部分医疗人员和患者的母语都不是英语，但他们用英语交流。专门为医护人员提供的英语交流培训，从内容到教学方式上都有特殊的要求。

国际英语教师培训就是在这样的环境下产生和发展的。目前，英国的国际英语师资培训体系基本由体制内的高等教育机构和社会上的民办培训机构两部分组成，前者提供的课程以英语教学研究生学历为主，如英语教学（含专门用途英语教学）研究生证书、研究生文凭和硕士课程。这些课程通常是应用语言学学科的一部分。由社会培训机构提供的课程虽然种类繁多，但唯有得到官方认可的证书授予机构如英国权威的剑桥英语考试委员会（Cambridge ESOL）等发放的证书，才有公信力。该机构授予的英语教学证书和文凭的名称和品种很多，这些证书及课程全都建立在国家学习培训成果认证框架内，基本都隶属本科前（如英语教学入门 TKT）、本科（如英语教学证书 CELTA）和研究生（如英语国际教学文凭 DELTA）三个层次。和普通高校相比，这些课程在入学要求上更加灵活，教学内容更注重实用性。正规教育机构和社会培训机构在英语教培训方面的互补，满足了市场对不同类别和层次的英语教师的需求。

国际英语教师培养对国际汉语教师的培养至少有三点启示。

首先是英语教学的定位。英语教学从早期的英语外语教学发展到如今的国际英语教学，各阶段英语教学的定位决定了培养什么样的英语教师。国家只需要建立指导性的国际英语教师标准和资格认证，教育和就业市场就会及时地提供适合市场需求的英语师资的培训方案。

其次是英语教师的定位。当代国际英语教师培训十分强调教师的教学理念及实践能力培养，体现了国际英语教师的角色变化。在语言教学交际法盛行的当今，英语教学更强调教师是语言教学活动的组织者、导演者和表演者。国际英语教学比以往任何时候都更强调跨文化语言交际能力的培养。

最后是英语母语国对英语师资的正规学历教育和社会职业培训相结合，共同满足海内外对各类英语教师的需求。在非英语母语国从事英语教学的绝大多数教师是本土培养的英语教师。换句话说，主流教育系统的英语教师几乎都是本土化的师资。这是英语作为外语教学得以持久发展的根本保证之一。

3 国际汉语和国际汉语教师培训

国际汉语有着双重的意义和目标，即汉语的国际推广和汉语的国际使用。对外汉语教师培训、汉语国际教育硕士培养以及《标准》都是围绕实现汉语的国际推广目标进行的，是以母语国和母语本体的角度为出发点，强调的是帮助外国人通过学习汉语和了解中国文化，得以同汉语本族语者进行跨文化交流，我们称之为"主体化汉语教学"。在海外汉语教学迅猛发展的环境下，有的海外学者结合本地外语教学的实际情况提出，海外汉语教学应该以为当地汉语学习者建立起其母语及文化与汉语及文化间交流和理解桥梁为目标（Hong, 2007），我们称之为"本土化汉语教学"。本土化汉语教学和主体化汉语教学对教师的要求自然存在着很大的不同。但是，本土化汉语教学是实现海外汉语外语教学主流化的重要条件，也是实现汉语使用国际化的必要途径。也正因如此，本土化的汉语外语教师培训和培养对国际汉语的真正实现具有极为重要的意义，应该受到应有的重视。

综观欧洲教育体制的外语师资培训，通常包括三个方面的主要内容：一是外语教师在该体制内的职能，包括对体制及其规定要求的了解和遵守；二是对语言教学理论的掌握和教学实践能力的培养；三是外语能力，包括对目的语的实际掌握、分析和教授能力。第一和第二部分最受重视，第三部分所占的比例相对较小。这是因为欧洲教育制度化程度高，语言教学理论重视学生的学习体验，流行的语言交际教学法强调语言学习的真实性和整体性，欧洲语言在系统上也较为相近。

相比之下，国际汉语教师培训更加重视语言和文化本体知识及其教学、跨文化交际能力及教师品德的培养。本土化的汉语教师培训要有针对性地处理由于汉语和欧美语言差异较大造成的汉语难学的问题，怎么有效教授汉语的问题，以及在多元文化环境中如何进行汉语跨文化交际能力的教学问题。另外，中国文化往往是引导海外学习者学习汉语的动因。但对于什么是中国文化和介绍哪些中国文化,汉语国际推广和国际汉语教师培训的视角不同,它们的答案也不尽相同。目前海外的汉语外语教学有许多问题尚待研究解决,本土化汉语教师培训的目的之一就是提高本地汉语教师对这些问题的意识和认识,使他们更自觉地加入到寻求解决方案的队伍中来,也就是欧美师资培训较为注重培养的教师(即研究者)的行动能力。

为了服务汉语国际推广,国家汉办制定了《标准》,具备"高"而"全"的中国传统文化特色,对国际汉语教师的知识和技能提出了几乎是终极性的原则要求。但即使是汉语国际教育硕士这样专门性的国际汉语教师培训研究生课程,也难以在两年之内确保学员达到《标准》提出的所有能力培养目标。因此,《标准》或许应该在标准及能力层次和内容上都进行进一步的分级和细化。这对于建立一个能实现国际汉语双重目标、立体、连贯而灵活的国际汉语教师培训及分级考核与认证的体制,是十分必要的。

在国外从事汉语外语教学的主力军是本土招聘的汉语教师。本土教师中具有汉语外语教学学历或正规专业师资培训的人数并不多。《标准》的部分内容(如第一模块和第四模块的一些内容)对本土化的汉语教师培训很有借鉴价值。海外进行的本土化汉语教师培训,应将《标准》的本体和教学内容分解,灵活应用于汉语教师培养和培训项目中,并通过合作等形式,争取将相关内容融入当地的汉语教师培训机制,完全、彻底地实现当地汉语教师培训的本土化。

近年海外合格的国际汉语教师供不应求,很大程度上是国际汉语教学发展速度很快、当地汉语教师培训机制不健全的结果。眼下的当务之急,是在今后的三五年里,针对海外汉语教师队伍的实际情况和需求,根据《标准》的相关要求,为已在从事或准备从事汉语教学,但又没有接受过正规培训的教师提供短期的本土化师资在职轮训。要强调汉语教学理论和实践的紧密结合,注重短期培训立竿见影的实用性。

国际汉语教师匮乏的问题可以通过三个步骤逐步解决:汉语教师短期培训和长期培养相结合,国内和国外汉语教师培训机构的合作,以及建立一个层次分明、前后连贯、结构灵活的国际汉语教师分级培训、考核与认证的体制。汉语外语教师本土化的培养与培训,应该纳入一个不同层次可前后相接、学历教育和非学历培训可相互对接、短期的师资培训和长期的师资培养可灵活转接的汉语外语教师培养体系。如果能建立中外机构之间的合作,汉语外语教师培训的本土化进程将大大加快。

4 结 语

阶段的国际汉语兼有汉语的国际推广和汉语的国际应用的双重任务,前者注重汉语教学与使用的地域覆盖,后者侧重汉语使用的本地化和在多语社会中的常规化。汉语的国际推广是对外汉语的海外拓展,注重主体汉语和文化的教学,有明显的"外来"特点,其发展依赖于持续不断的资源投入。汉语的国际应用是原国内对外汉语的有机延伸,较重视汉语教学和应用的本土化,目的是使其逐渐"内化",融入当地的外语教学主流,实现可持续发展。

两种目标不是对立的,而是相互补充、相辅相成的。汉语的国际推广是手段,汉语的国际应用才是目的。国际汉语的两种目标需要不同的教师培训项目培养不同类型的汉语教师。明确现阶段国际汉语的目标和定位,有助于制定相应的汉语教师培训目标和实施计划。汉语的国际化离不开汉语教学的本土化,离不开汉语教师培养的本土化,后者是实现国际汉语终极目标的基本保证。汉语教学及教师培训本土化的进程,一方面取决于国际汉语促进机构的积极努力,另一方面也取决于当地社会的语言使用状况及政府的相应语言政策。

参考文献

[1] 国家汉办. 国际汉语教师标准 [M]. 北京:外语教学与研究出版社,2007.
[2] 刘骏. 国际汉语教师培养的新模式 [J]. 世界汉语教学学会通讯,2010(3).
[3] Hong Lijian. Teaching Chinese as an International Language [J]. Chinese Studies Review,2007(1).

[英]张新生(George X Zhang),英国理启蒙大学现代语言中心
george. zhang@ richmond. ac. uk

(责任编辑 姜有顺 洪炜)

程度补语句的教学

徐霄鹰

程度补语句作为汉语特有的句式,是初级语法教学中的一个重点和难点。学生理解这个结构不难,但在实际产出中,却往往出现遗漏"V得"的偏误。因此,如何在课堂教学中高效地操练该句式,促进学生习得,非常值得一线教师探索。

一、教学基本情况介绍

教学对象:中山大学国际汉语学院语言文化中心零起点语文分流班的学生,均来自非汉字文化圈国家。教学实施时,他们已经学习了10周汉语。

课程:汉语课,该课是将拼音和汉字作为输入符号,教授词汇语法并训练听说的综合课。在发给学生的教学资料和板书中,汉字都加注了拼音。

教材:《初级汉语精读教程(Ⅰ)》26课。

语法教学内容:1)不带宾语的程度补语句:S + V + 得 +(不)adj;2)带宾语的程度补语句:S + V + O + V + 得 +(不)adj。

教学时间:约100分钟[①]。

二、教学设计

(一)语法教学1:程度补语句

1. 词汇准备(5分钟)[②]

教师板书:"好"和"快"。

师:你们会"做什么"(同时板书VO)?

生:唱歌。

师:唱歌,快?好?

备注:

①本教案的主要关注点是程度补语句的教学,但在教语法的同时融入了大部分的生词教学以及课文导入,因此教学时间较长。

②设计目的如下:

(1)这些动宾词组都是语法学习时要用到的,简单复习,排除词汇障碍,使学生集中于句式学习。

(2)导入程度补语句。通过板书揭示程度补语句的意义结构,随后教师在对话中自然引出程度补语句。

(3)将生词(弹、钢琴、踢、足球)置于语境中教学。

生：好。
师：唱得好。

将"唱歌"板书于"好"后。依次引导出：照相、弹钢琴、打网球、打篮球、踢足球。

师（指着"快"）：那么，什么快？
生：跑步。
师：嗯，跑步，跑得很快。

将"跑步"板书于"快"后。依次引导出：开车、骑车、游泳等。

2. 通过师生对话和听力填表活动导入程度补语句（15分钟）③
（0）教学资源准备。
A. 一套十张卡片，如下：

跑步、开车、骑车、游泳、照相、弹钢琴、打网球、打篮球、踢足球、唱歌

B. 每个学生一张表格（表1）。

表1

	名字	做什么	V得……	我V得……
Example：	瑞森	打网球	打得很好	打得不太好
1			__得__	__得__
……				
9			__得__	__得__

(1) 随机请一位学生抽一张卡片，请他根据卡片表演动作。

师：他在做什么？
生：他在打网球。
师：谁喜欢打网球？

请回答喜欢的学生（如瑞森）把卡片拿去。

师：瑞森喜欢什么？
生：打网球
师：瑞森，你打得好吗？

备注：
③设计目的如下：
（1）抽卡片表演是生词复习到语法学习的过渡，同时增强了趣味性。
（2）教师通过和学生的真实对话来进行语法展示。
（3）要求其他学生边听边填表的目的有二。其一，促进他们集中注意力获取真实信息（第2～4栏），并思考个人情况（第5栏）。因此，该练习的协同效应，即学习者语言使用与输入材料趋同的效应（王初明，2013），是比较高的。其二，引起学生对句子形式的注意，为后面的语法总结做准备。

瑞森：打得很好。

师：你们呢？打得好不好？

生：……

（2）要求全体同学把刚才听到的信息和表 1 的 example 比对，确认他们明白如何填写。第 2～4 栏填写听到的其他同学的信息，第 5 栏填写自己的情况。

（3）教师重复上述步骤，学生边听边填表，直至所有卡片发完，表格填满。

（4）教师和学生一起总结语法，引出程度补语句的两种句式，并板书。

3. 分解句式操练＋生词学习（5 分钟）④

（1）请学生们看表格，教师随机说一个 VO，示意一个学生接着说相应的第 3 栏的内容（V 得……），然后指示全班一起说出"VOV 得……"句。

（2）教师反馈："你们说得很（不、不太）流利"，在学生说得流利的情况下，加强反馈："你们很厉害！"。⑤

（3）上述操练重复三四次后，要求两个同学一组参照表格做练习：一人说 VO，一人说相应第 3 栏的内容（V 得……），两人一起导出"VOV 得……"句。

（4）两分钟后，老师请几组同学展示。教师说 VO，同学 1 说"V 得……"，同学 2 说"VOV 得……"，其他同学评价是否说得流利，是否厉害。

4. 整句句子操练＋生词学习＋导入课文 1（10 分钟）⑥

（0）教学资源准备：打分表（表2）。

表2

（　）队	（　）队	（　）队	（　）队	（　）队

说明：读得非常流利：5 分；读得很流利：4 分；读得马马虎虎：3 分；读得不太流利：2 分；读得不流利：1 分。

（1）四个学生一组，每组一张打分表。

师：你们现在就是一个队，team，你们给自己一个名字。

（2）学生给本队取名字，教师将其书写到黑板上，并

备注：

④ 三段式的分解强化学生对句式的语感，为后面的整句操练做准备。

⑤ "流利"和"厉害"均为生词，将其融入语境进行学习。

⑥ 设计目的如下：

（1）游戏将语法操练变得富有趣味性，通过任务创造真实语境。要求他们为其他队打分，使他们对语法句式的使用成为一个有实际交际意图的产出。而打分表为他们提供了文本的协同。

（2）为生词教学创造真实语境。

要求学生抄写到他们的打分表上，教师带读一次打分表。

（3）教师解释打分规则，顺便讲解生词（队、赢、输）。

师：现在，我们比赛，读句子。这些句子 sentence（用手指着表1），for example：瑞森打网球打得很好。这是一个句子。你们一个队，一人读一个（选小组示范）。别的队给你们分。我也给你们分，分最高的队就赢了，最低的就输了。分写在这里（用手指着表2）。

（4）小组内准备1分钟，教师巡视，确认每个小组都明白比赛规则。
（5）分小组在全班读，其他小组打分。
（6）全部小组读完后，各个小组成员一起大声说明他们的打分表，如："A队，5分，他们读句子读得非常流利。"教师在黑板上记录每队分数。
（7）教师点评。算总分，评出赢家和输家。

师：A队，读句子读得非常流利，我给他们5分。……他们一共有19分，最高分，他们赢了。……B队10分，最低分，他们输了。

（8）教师评论刚才的比赛，谈谈赢、输和运气的关系。导入课文1内容。⑦
5. 在双人真实对话中产出程度补语句（10分钟）⑧
（1）教师使用教材中设计的课堂活动，如下：

Pair Work：Ask each other how well he or she does the following activities. Then share the answers with the class.

说英语、唱歌、游泳、打篮球、踢足球、做饭、跳舞、写汉字、开车、照相……
问：你会说英语吗？
答：……
问：你唱歌唱得怎么样？
答：……

（2）6~7分钟后，教师随机抽问学生，注意要问学生的同伴的信息，而不是他本人的信息。

备注：
⑦课文1是一段关于国际足球比赛的对话，此前的读句子比赛自然地将学生带入了课文的语境。课文中谈到球队的表现和运气，此处不但将生词"运气"融入语境中教授，而且师生之间也发生了真实的互动、高效的协同。
⑧教材的活动设计是让学生在真实对话中产出程度补语句。至此，本教案完成了程度补语教学环：理解（意义、形式）→分解式操练→整句操练→模仿产出句子→独立产出句子。

（二）语法教学 2：长得 adj

1. 话题讨论，教学"长得 adj"⑨

（0）教学资源准备。教师准备图片 2 张（一男一女），也请学生准备图片 1 张（可男可女）。图片为长相漂亮的男人和女人。

（1）教师用 PPT 展示自己的图片。

师：我觉得她长得很漂亮，你们觉得她长得怎么样？
生：马马虎虎。
师：她长得马马虎虎吗？我觉得她很好看，因为她眼睛长得很大，皮肤长得很白。再看这张……

教师通过重复在语境中输入"长得"，使学生理解并模仿"长得 adj"的用法。

（2）请学生展示并介绍他们选的图片，使用"我觉得她长得……，因为……"的句式，鼓励学生发表不同的审美意见。

2. 延伸话题，导入课文 2⑩

师（问男生）：有两个女生，一个做饭做得很好，一个长得很漂亮，你喜欢哪个？
生：漂亮的。
师：哦，长得漂亮的。
……
师（问女生）：有两个男生：一个长得很帅，一个踢足球踢得很好，你喜欢哪个？
生：我喜欢长得帅的。

（三）语法巩固

1. 听力训练 + 语法巩固（15 分钟）

（1）教师读（或播放事先录音）以下听力对话一两遍。⑪

A：听说××（班里的男生）有女朋友了。

备注：

⑨ "长得 adj"虽然是程度补语句，但更适宜以固定语块的形式让学生掌握。教学以话题讨论的方式进行，使学生通过师生间、生生间有意义的对话模拟自然交际。

⑩ 课文 2 是一个女生暗恋男生的小故事。此处用问题的方式，激发学生的交际意愿，产出"长得 adj"句，并自然导入课文。

⑪ 该听力材料的主题与课文自然衔接，使学生始终在一个语境中。另外，通过增加其真实性（班级中的"绯闻"），进一步激发文本的协同效应，强化语法输入。

B：是啊，我知道。
A：她是哪国人？
B：中国人。我认识她。
A：真的？她会说××语（那个男生的母语）吗？
B：会，她××语说得很流利！
A：她长得怎么样？
B：很漂亮，长得很白。
A：她是学生吗？
B：不是，她是一个公司的经理。
A：真的吗？她一定不会做饭吧？
B：不，她做饭做得很好吃。
A：啊，××找了一个很厉害的女朋友。
B：对啊，他运气真好！

(2) 教师提问，学生回答问题

a) ××有女朋友了吗？
b) 她会说××语吗？说得怎么样？
c) 她长得漂亮吗？长得白吗？
d) 她是学生吗？
e) 她会做饭吗？做饭做得好吃吗？
f) 她很厉害吗？
g) ××的运气怎么样？

(3) 学生独立完成以下完型填空。⑫

××的好运气

_____有女朋友了。她是_____人，不过，她说___ __说得_____。她长得很_____，很_____。她不学习，她是一个公司的_____。她工作很忙，不过，她做饭也__ ____。她是一个_____的女人。

(4) 第二段对话，重复之前的听、回答问题和做完型填空的步骤。⑬

A：听说晓丽有男朋友了。
B：是啊，我知道。他是一个留学生。
A：真的，哪国人？

备注：

⑫此处是听后复述练习，要求学生在理解的基础上产出，学生与语料发生了协同互动。使用完型填空的方式减低了难度，也重点巩固程度补语句和个别生词。

⑬这段对话与上一段对话是完全对应的。如果前面的男生真的有中国女友，教师最好能找到她的真实名字代入，增加交际的真实性。

B：××（前面男生的国籍）人。
A：他会说汉语吗？
B：他会说一点儿，不过，说得不太流利。
A：他长得帅吗？
B：他长得很高，长得很帅。
A：他是学生，一定没有钱吧？
B：不，他给晓丽很贵的礼物。
A：他爱运动吗？
B：他打网球打得很好。
A：啊，晓丽找了一个很厉害的男朋友啊！
B：是啊，晓丽的运气真好！

晓丽有男朋友了。他是_____人，他会____汉语，不过说得_____。他长得很_____，很_____。他不工作，不过，他给晓丽很贵的_____。他爱_____，打网球____。他是一个_____的男人。

2. 卡片游戏，强化句式（10分钟）⑭
(0) 教学资源准备。每个小组分到三组拼音卡片：

A：小狗、老猫、大鱼、我们班的同学、老师（再发给学生3张空白卡片，让他们写自己的名字）
B：游泳、做饭、说汉语、写汉字、爬树、骑自行车、唱歌、跑步
C：流利、好听、好吃、快、慢、高、漂亮、不快

(1) 教师板书：

Example：A：我；B：说汉语；C：流利→我说汉语说得很流利。

(2) 3人一组，要求学生从A、B、C三组中抽卡片，组成最有意思的句子，如"小狗骑自行车骑得很好听。"
(3) 三分钟后，要求各小组报告一个他们认为最有意思的句子。全班评选最有意思的句子，产出该句的小组赢。
(4) 要求学生尽快把三组词语配成合理的句子，然后在组内轮流口头造程度补语句，最快完成的小组赢。

备注：
⑭给出句子的主要成分，要求学生产出正确的语言形式，其训练焦点在于语言形式。但采取卡片造荒谬句子的方式，增加趣味性，激发学生创造性运用语言的能动性。同时，强化生词"赢、输"的学习。

3. 综合听说训练 + 语法应用（15 分钟）⑮
（0）教学资源准备。

A. 教师准备全班拼音名单，每位同学一份。
B. PPT 展示例句：我们问了十八个同学。六个人唱歌唱得很好，五个人唱歌唱得不太好，三个人唱得马马虎虎，五个人唱得不好。

（1）教师解释活动要求。

师：你们两个人一起，我给你们一个 VO，你们要去问别的同学"你 VOV 得怎么样？"，把他们的 answer，写在这里（手指名单）。你们两个人问不同的同学，A 问 X，B 问 Y。我给你们五分钟，完了 finish 了，你们就一起写这样的句子。
展示 PPT，学生齐读。

（2）五分钟后，访问结束。两人根据记录，汇集答案，统计结果。
（3）学生用拼音写成句子上交。⑯

三、教学反思

（一）对整个教学设计是否高效的评估

王初明（2013）提出高效的外语教学手段的五个特征：学习者有交际意图，学习者在练习中产生了协同互动，练习中有语境融入，学习者能够在练习中创造性地使用语言，以及练习结合了理解和产出。我们用这五个指标来考察本教案各个环节是否能够有效地促进程度补语句以及部分生词的习得。参照王初明（2013）为练习打分的方式，教学环节分为高、中、低三档，总评分为优、良、中、差四档。（表3）

备注：

⑮这个活动是一个总结式的活动，学生需要运用学到的语法知识，完成三个任务：第一，通过跟组外其他同学对话，获得真实信息；第二，通过与小组伙伴的交流，整理对话信息；第三，根据信息，形成的书面报告。学生完成任务的情况，是教师评估本节课教学成果的依据。

⑯教案环节 1～3 通过一系列理解型和应用型的活动，完成了程度补语句的巩固教学环：基于理解产出部分句子→创造性地产出整句→在交际中使用句子，产出语篇。

表3

练 习	交际意图	协同互动	语境融入	创造性使用语言	理解+产出	总评
师生对话+听力填表	中	高	中	中	高	良
分解句式操练	低	低	中	低	低	中
读句子比赛	高	中	高	中	中	良
两人对话	高	中	高	中	高	优
师生关于外貌的讨论	高	高	高	中	中	优
听力+完型填空	低	中	高	低	高	良
卡片游戏	低	中	低	高	中	良
语法应用活动	高	高	高	中	高	优

（二）教学资源的使用

本教案几乎没有使用PPT课件，而是借助了表格、卡片、名单、图片等其他教学资源。我们认为，在初级语法教学中，PPT课件的使用要非常慎重。PPT中的一个P是presentation（展示）的缩写，而展示是单向的，过于强调使用PPT课件的课堂很容易变为以教师展示/讲解为中心的课堂。

（三）局限及不足

1. 本教案设计对教师课堂控制的要求很高，因此新手老师操作起来有一定难度。

2. 本教案是针对非汉字文化圈学习者设计的，对于习惯于以教师为中心的课堂教学的东亚及东南亚学生，实施起来可能有困难。

3. 本教案的教学环节全部是交互型的，没有设计帮助学习者发现、思考、消化语法知识的"静默练习"（Harmer，2011）。应当取消现有设计中的"分解句式操练"，代之以句型替换、连词成句一类的单人语法练习时间。

参考文献

[1] 王初明. 哪类练习促学外语 [J]. 当代外语研究，2013 (2).
[2] 周小兵. 初级汉语精读教程（I）[M]. 北京：北京大学出版社，2013.
[3] Harmer J. 英语教学实践 [M]. 北京：人民邮电出版社，2011.

徐霄鹰，中山大学国际汉语学院
xuxiaoying69@hotmail.com

（责任编辑 谢 爽）

采用口译训练法的日本汉语教学实践报告
——以结果补语的教学为例

[日] 河村朋江

日本汉语教学一直重视"读"和"写",在课堂上很少采用提高"听"和"说"能力的训练方法。因此,学生的听力和口语水平较低。本文所述的口译训练法,就是为了提高听说能力而设计的。此法一般在中高级阶段采用,但在初级阶段合理使用,也可以提高学习效率。本文以结果补语为例介绍口译训练法,展示此教学法的实施、遇到的问题以及应对方法。

一、教学基本情况介绍

(一)教学对象

日本汉语补习班(成年人)的学生,已学过30个小时的汉语。

(二)教学时间

90分钟。

(三)教学内容

结果补语。

(四)教学目的

提高口译技能水平。

(五)课堂训练方法

1. 快速反应(quick response)
先听汉语词汇,接着说出对应的日语词汇;或者先听日语词汇,然后立刻说出相对应的汉语词汇。

反复练习能够使学生快速地说出对译词。习惯词汇的转换练习后，用同样的方法进行短句的对译练习。关键在于练习时一定要说出来。

2. 跟述（shadowing）

播放录音①，学习者进行跟述。练习时，即使跟不上录音的内容，也不要停止。抓住下一个录音开头的声音，重新开始跟述。反复练习到能够流畅地说出来为止。

3. 重复（reproduction）

放完一句停一下，把刚刚听到的句子重复一下。重复的词数愈多愈好。用同一教材反复练习到能够流畅地说出来为止。

4. 听写（dictation）

放完一句停一下，把听到的声音写下来。

二、教学过程

（一）导入

1. 复习上节课的要点
（略）
2. 介绍学习内容

教师：今天你吃早饭了吗？
学生：吃了。
教师：饱了吗？
学生：饱了。
教师：在这种场合你可以这样回答，"吃饱了"。②

（二）语言点的学习和练习

1. 解释结果补语的要点

比较汉语与日语。先在白板上写上"看完"、"写错"之类的词语，下面分别写上「読み終わる」、「書き間違える」，然后讲解结果补语：结果补语表示动作或状态的结果，由动词、形容词充当。日语也有同样的表达方式，但

备注：

①一般在初级阶段使用教材配套 CD 和 MP3 等进行练习。但在本节课为了强化语法点的学习，使用自编的练习（参看备注⑥）。

②先用已经学过的表达方法来进行简单的会话，自然地引出要学习的内容。

是没有相当于"住"（表示牢固或稳当）、"好"（表示完成或达到完善的地步）等的表达。下面，教师举例后提问。

教师："我记了这些生词"和"我记住了这些生词"这两个句子怎么翻译好？

学生：这两个句子译成日语的话，都是「私はこれらの単語を覚えた」。这两个句子的区别在日语上有点儿不清楚。

教师：对。"住"这个词作补语的句子，在日语里没有恰当的译文。那么，"我洗了这件衣服"和"我洗好了这件衣服"怎么翻译？

学生：我看把这两个句子译成日语的话，都是「私はこの服を洗った」。

解释：日语「覚えた」含有"把记的事情保持在脑子里"的意思。但汉语"记了"只表示进行了"记"这个动作罢了，没有"把记的事情保持在脑子里"的意思；只有加上"住"，才能表示完全把记的事情保持在脑子里。同样，日语「洗った」含有"洗的东西已经洗干净了"的意思。但汉语"洗了"只表示实施了"洗"的行为，不表示动作的结果；只有加上"好"，才能表示达到完善的状态。

总结：日语中的不少动词的语义包含动作和动作的结果，而相对应的汉语动词可能只表示动作，要表示结果，动词后边要加"结果补语"。③

解释后，还要介绍恰当的"动词＋结果补语"组合。可以发给学生搭配表（表1里的动词已学过），然后讲解每个补语的意义。

表1　"动词＋结果补语"组合④

动词	结果补语（动词）	动词	结果补语（形容词）
看·买·找	到	念·说·写	错
听·看	懂	洗·学·做	好
听·看	见	洗·擦·打扫	干净
吃·喝·看·写	完	吃·喝·卖	光
记·停	住	看·说·听	清楚
变·翻译·换	成	吃·看·用	

备注：

③如果"我洗了这件衣服，但是没洗干净"这个句子译成日语的话，是「私はこの服を洗ったけど、きれいに洗っていない」。前半句"我洗了这件衣服"的译文还是「私はこの服を洗った」，「洗った」只表示实施了"洗"的行为。即后半句是否定形式时，日语「洗った」只表示动作。

④对学生来说，表1的补语中除了"住"、"好"以外，"到"、"见"、"成"也比较难。有时"到"和"见"的区别在日语里不清楚，如"看到了"和"看见了"译成日语的话，都是「見えた」。"成"在日语里没有恰当的译文。

对于这些问题，可以做这样的解释："到"表示达到目的或到达某地；"见"表示通过视觉、听觉等感觉到；"成"表示通过某动作变成别的东西。

为了让学生掌握每个补语的意义，还要多做快速反应练习（参看下面的2. 采用口译训练法的练习）或造句练习等。表1里的补语在一次课里学不完，可在下一次课再学。

A："动词+结果补语（动词）"
教师在白板上写下面的例句。学生跟教师读一遍，然后让学生把例句翻成日语。

例句：我听懂了老师的汉语。
　　　她看完了那本小说。

B："动词+结果补语（形容词）"
教师在白板上写下面的例句。学生跟教师读一遍，然后让学生把例句翻成日语。

例句：我学好了汉语。
　　　你写错了这个字。

接着讲解否定形式和疑问形式。
否定形式："我没（有）听懂。"（"没（有）"+动词+结果补语）
疑问形式："你听懂了吗?"（在句尾加"吗"）或"你听懂了没有?"（用反复问句形式）
让学生把上面的例句改写成否定句和疑问句（略）。⑤
练习：
先让学生把教师所说的汉语译成日语：

教师：洗了（汉）
学生：洗った（日）
教师：不干净
学生：きれいでない
教师：没洗干净
学生：きれいに洗っていない
教师：洗了这件衣服
学生：この服を洗った
教师：这件衣服不干净
学生：この服はきれいでない
教师：这件衣服没洗干净
学生：この服はきれいに洗っていない

下面让学生把教师所说的日语译成汉语。

备注：
⑤在这里让学生确认一下"没"否定补语，而不是否定动词。为了让学生进一步了解汉语和日语的异同，接下来进行翻译练习。

教师：聞いた（日）
学生：听了（汉）
教师：わからない
学生：不懂
教师：聞いてわからなかった
学生：没听懂
教师：先生の中国語を聞いた
学生：听了老师的汉语
教师：先生の中国語がわからない
学生：不懂老师的汉语
教师：先生の中国語を聞いてわからなかった
学生：没听懂老师的汉语

学生掌握好结果补语的句型后，教师在白板上板书一些错句，让学生把这些句子中不适当的地方改正一下。⑥

(1) *我上课完了。
(2) *你看见清楚黑板上的字吗？
(3) *这个句子，你翻译中文。
(4) *我没听懂了老师的汉语。
(5) *我不看完那本小说。
(6) *我没看完那本小说不睡觉。
(7) *她洗干净了衣服。

2. 采用口译训练法的练习
(1) 快速反应练习。

教师领读表1后，给学生十分钟，先让学生记住这些组合，然后进行转换练习。先让学生听教师所说的汉语，然后立刻说出与其相对应的日语。例如：

教师：听懂（汉）
学生1：聞いてわかる（日）
教师：看懂
学生2：見てわかる
教师：吃完
学生3：食べ終わる
……

备注：
⑥例（1）主要是受母语的影响，学生把"上课"看成一个动词。在这里应提醒他们注意动宾结构词（离合词）的用法。词序应是"动词+结果补语+宾语（上完课）"。学生如果不知道动词是否为动宾结构词，可让他们查词典。在词典的拼音里上"//"表示动宾结构的词，如"上课 shàng//kè"。

例（2）这类偏误主要是由于学生不清楚"看见"本身包含动词的结果，应向学生分析"看见"的结构。

例（3）"翻译"后面应该加上"成"。虽然学生知道应该用补语，但是很可能不知道应该用哪个补语。要解决问题，要注意让学生掌握与"成"搭配的动词，可利用表1的动词和"成"进行造句练习。

例（4）、（5）是结果补语否定形式的偏误，教师应向学生强调否定形式的正确用法，并在接下来的快速反应练习中巩固。

例（6）中要注意提醒学生，条件句的否定形式应用"不"，是因为其动作未实现。

例（7）不能把宾语放在"干净"后面，但可以说"洗好了衣服"。"洗好"和"洗干净"译成日语时没有区别，因此学生容易出错。这个问题很复杂，在初级阶段只讲解有些补语后面不能加上宾语。

接着用"听懂"进行短句的转换练习。

教师：我听懂了他的汉语。（汉）
学生1：私は彼の中国語を聞いてわかりました。（日）
教师：我没听懂他的汉语。
学生2：私は彼の中国語を聞いてわかりませんでした。
教师：你听懂他的汉语了吗？
学生3：あなたは彼の中国語を聞いてわかりましたか？
……

完成汉译日的练习后进行日译汉的练习，先让学生听教师所说的日语，然后立刻说出与其相对应的汉语。例如：

教师：見つかる（日）
学生1：找到（汉）
教师：覚える
学生2：记住
教师：マスターする
学生3：学好
……

接着用"找到"进行短句的转换练习。

教师：私は仕事が見つかりました。（日）
学生1：我找到了工作。（汉）
教师：私は仕事が見つかりません。
学生2：我没找到工作。
教师：あなたは仕事が見つかりましたか？
学生3：你找到工作了吗？
……

习惯这些练习后，进行汉译日和日译汉混合转换练习。

教师：看懂（汉）

学生1：见てわかる（日）
教师：见つかる（日）
学生2：找到（汉）
教师：觉える（日）
学生3：记住（汉）
……

用同样的方法进行短句的转换练习（略）。
(2) 跟述练习。
听完录音⑦后，进行跟述练习。学生边听录音边跟说。这种练习的目的是掌握好汉语的语调和语气。因此，练习时学生的注意力更加集中在语音上而非内容上。即使跟不上录音，也不要停止，继续播放到最后。这种练习进行三遍。
(3) 重复练习。
教师一句一句地播放录音，学生一个一个句子地按顺序进行重复。如有的学生觉得困难，可以先让他听短一些的句子，然后逐渐加长句子。
(4) 听写练习。
听写录音内容。写完后发给学生答案，边看边听录音，检查自己听写的中文。最后教师领读一遍。
进行完以上操练后，要求学生用学过的表达进行会话。

会话1：（指着一本书问）
教师：这本书，你看完了吗？
学生：我看完了。老师，你呢？
教师：我也看完了。
会话2：（指着课本的生词问）
教师：这些生词都记住了吗？
学生1：我没记住。
学生2：我记住了。

备注：
⑦跟述、重复和听写练习中使用的录音材料（注意：在初级阶段最好使用已经学过的词汇）：
(1) 我看完了这本杂志。
(2) 他的话，你听懂了吗？
(3) 这个汉字，你写错了。
(4) 我还没买到那本书。
(5) 你今天看见她了吗？
(6) 我想学好汉语。
(7) 你记住他的电话号码了吗？
(8) 他吃惯了生鱼片了。
(9) 我没听清楚，请再说一遍。
(10) 这些句子，你翻译成中文。

三、教学反思

（一）结果补语的教学

如在本文中所述，只要解释日语和汉语的动词性质的区别，学生就能够加深了解。但是结果补语的概念是日本学生不好掌握的，尤其是汉语补语成分，如"住"、"好"、"成"等，在日语里没有恰当的译文。因此，最好先让学生学习比较容易的补语，如"完"、"懂"、"错"等，然后再教不好掌握的补语。另外，随着学习水平的提高，应该更详细地讲解，如离合词和双音节动词的区别、每个补语（动词或形容词）的意义、恰当的"动词+结果补语"搭配等。

（二）关于口译训练法

初级阶段采用口译训练法上课，可以解除对"听"的恐惧感，还可以为顺利进入中级阶段打下基础。笔者通过这种尝试已经取得了很好的教学效果。用口译训练法，适合于学生人数比较少的课堂。如学生人数太多，则教学效率不高。尤其是快速反应练习，学生一个一个地练习，需要很长时间。可以想其他办法，如两人一组进行练习。另外，这些训练法除了课堂以外，还要自学。只有不断坚持训练，才能取得好的效果。

［日］河村朋江，朋友中国语教室
baojing@hi2.enjoy.ne.jp

（责任编辑　洪　炜）

中文教学与时俱进

[美]谢天蔚

电脑和网络的出现极大改变了我们的教学观念。中文教学不再是靠一书一笔一词典。软件和工具层出不穷，无远弗届的网络使交流极其方便，电脑支持的课堂教学日渐常态化，教学观念和手段也应随之变化。将来的教师将是 digital natives（数字化原生代），现在的大部分教师还是 digital immigrants（数字化移民代）。在这两代交替的时候，"移民"要努力学习，跟上潮流，中文教学要与时俱进。下面从几个方面来叙述电脑和网络如何改变和影响中文教学的观念和方法，并探讨今后可能面临的一些问题。

1 网上学中文的资源

1995 年左右，电脑网络已经开始形成。有人尝试把学中文的材料放到网上。记得最早的一个网页列出了一些常用的旅游用的句子，有汉字、拼音、发音、英文解释，仅此而已。没有语法，也没有练习，非常简单。当时汉字在网页上的呈现问题还没有解决，中文是做成图片的，一个句子就是一个图形文件。但当时这样简单的学习材料已令人激动不已。

最初制作网上学习中文材料的并不是中文老师，而是学习中文的学生和电脑公司一些对教中文有兴趣的人。他们很容易地把一些中文句子搬到网上，但是没有明确的教学目的和全面的知识。不过种种资料源源不断地向网上涌来。资源多了，找起来就困难。于是我就想到，是否可以建立一个资料库，把这些网上学中文的资源全部收集起来，加以归纳分类。这样老师和学生使用起来不就方便了吗？1997 年我的网页"Learning Chinese Online 网上学中文"[①] 就这样建立起来了。将资源按语音、词汇、语法等分成十几个小类。这是一个极其简单的网页，但一直坚持了 17 年，点击率达到了 350 万次以上。这个点击率在网络世界太微小，但是在中文教学的领域内算是普及程度相对高的。为什么一个简单的网

---

① 网址：http://learningchineseonline.net。

页可以吸引人呢？关键是老师和学生希望得到学习的资源。学生希望有更多的学习资料帮助学习，也希望得到有关去中国学习的资料、找到一些人练习中文（做"键友"）。根据调查，北美中文老师使用最多的工具之一就是谷歌搜索（Li, et al., 2014）。表明至今为止，在网上搜索资料帮助教学一直是一项重要的网上活动。

2 电子教案

改变中文教学的第二件事就是电子教案代替了纸质教案。以前上课每一堂课都有教案，详细列出教学目的、教学步骤、教具和课后作业。这是每一个老师都必须做的。自从电脑进入教学以后，老师可以充分利用各种电脑工具来准备教案。一开始仅仅是用电脑打出教案，内容跟以前相同，只不过是键盘输入代替了手写。电子教案发展的第二步是很多人开始学习制作多媒体的课件。诚然，多媒体的课件有很大的吸引力，因为不但可以看到文字，还可以听到声音，看到动画，还有音像。然而在课堂里应用多媒体的教学还是遇到困难。关键是制作多媒体的课件不是每个老师都能做到的。有的多媒体的教材非常专业，但要花费数年时间和大量资金。即便专业人士制作的课件，并不见得适用每一个老师的课堂教学。不少多媒体的课件都是为某一本教材制作的，不采用该课本的老师和学生就无法使用。如果课本要修改，课件便不适用了。

对老师而言，比较实际的是利用已有的电脑工具，结合日常的备课来制作电子教案。这样准备的时间相对较短，课堂上可以立即使用，还可以根据实际情况随时修改。我使用的电子教案主要采用的是网页电子教案和 PPT 两种形式。首先，为每一课建立一个网页式的电子教案。列出教学目标、教学步骤和课后作业。每一个教学步骤都可以连接各种教学内容和资源。例如教到某一个汉字时，一点击链接就跳到这个汉字的动画。讲到汉字的结构，链接可以跳到某一段视频。课后学生作业也链接到各种练习。学生回家也可以看到要做什么，可以打印出学习资料和作业，如汉字动画和练习的写字单。第二种电子教案以 PPT 演示片为基本手段。合理使用 PPT 可以节约课堂时间。例如把照片放在 PPT 内就很有效。还有外加链接，如一些实景录像、Youtube 或者优酷的视频等。不必把所有生词和语法解释都照搬到 PPT。PPT 是 power point，是有"说明力"的"要点"。还有传统教具很好用的，就不必用 PPT。例如教到时间的时候，用一个纸板的钟足矣。网上有关于时间的互动练习，就可以链接在 PPT 内。原则是：用传统手段没有办法搬进课堂的就可以用 PPT，不要照搬。影响教学质量的决定因素是老师给学生多少语言输入（input），给学生多少机会输出（output）。Occam's razor 原则"应该记得："切勿浪费较多的东西去做用较少的东西同样可以做好的事情"。

有了基本的电子教案库，无论技术如何发展，都可以"随机应变"。例如后来又出现了 Prezi 演示软件，在功能上和制作上与 PPT 很不相同。在原来的电子教案基础上可以转移到 Prezi。在适合网络传递和播放的两个网站 slideshare 和 electricslide 上，可以将这些演示片通过网络传送，便于任何人浏览。①

3 "手写"与"电写"

另一件具有深远影响的事是电脑改变了我们书写的习惯。"电写"与"手写""抢锋头"。

中文总是被认为是最难学的语言，因为老外学中文有两个难关，一是声调关，另一个是写字关。老外学生对声调是不是一个难点有不同的意见，然而对于汉字难写难记则没有异议。

现在电脑出现了，汉字可以用键盘方便地输入，那么老外学生对此怎么看呢？我们老师的观念能不能跟得上时代的变化呢？十多年以前在一次会议上，我们曾经提出要在中文教学中引入打字，立即遭到质疑。集中的问题是"这样培养的是外国文盲"，"汉字是中国文化的精华，不学汉字还叫学中文吗？"。十多年过去了，现在几乎没有学校不用电脑打中文的。老师写电邮、制作PPT、准备教案都用电脑。学习中文的学生和老外用中文写博客，在网上交流。中文教学中"打字学中文"的观念和方法已经普及开来。"电写"的概念走入我们生活。

有了"电写"还要不要"手写"？答案是肯定的。将来我们还需要学读写汉字，需要学习汉字的结构、偏旁部首，因为汉字的知识可以帮助我们读写。汉字中的文化元素也会得到传承。而且电脑（特别是平板和手机）输入方法之一也还有"指写"。但是日常生活中实际更多使用的是用键盘"电写"。常用汉字的数量会有限制，手写的场合会减少，书法课将成为艺术课程。

其实中文打字对学习中文（不管是华裔孩子还是老外学中文）都有很大的正面影响，对于提高语言能力、汉字辨认和电子交流都非常有帮助。汉字打字的心理过程与其他拼音文字很不同。打英文只涉及语音、字母，但是中文打字涉及更多的心理活动。只要是采用语音输入都会首先想到声音，然后转换成字母（拼音或者注音），然后是对屏幕出现的汉字的辨认、确认和选择。这个利用语音打汉字的过程对于强化语言学习特别有帮助。再说现在大家用电子邮件、微信交流，作家写作，"手指功"、"键盘功"是必不可少的。因此在中文教学中采用"打字学中文"是一种值得推而广之的方法。

那么学习中文的老外对此有什么看法呢？网上有一个网页，都是学中文的老外在讨论，为什么学中文那么难。有的认为，难和费时间是两回事。学中文是费时，并不等于难。最费时间的是学汉字，但是现在有了电脑，打字就很容易了。明尼苏达大学教授 Joseph Allen 曾经学习中文，深知学习中文的甘苦。他对一些学生和中国人做了调查，并在他写的一篇文章中提出学中文的美国学生手写汉字是"低效的资源使用"，他建议初学中文的学生应该注重"汉字/词辨认"（Allen，2008）。持这种观点的老外不少，他们都认为初学者可以用拼音，写汉字可以延后。在这一领域已经有不少研究（如谢天蔚，2011）。

问题不是要不要学打字，要不要学写字，而是什么时候"打"，什么时候

---

① 这两个软件各有不同的功能，在此不做专门探讨。有兴趣者可以自己到 slideshare.net 和 electrislide.net 两个网站查询试用。

"写"。我们在教学中总结的经验是"听说读打写",突出"读打"的重要性。在时间序列的安排上采用这样的模式:"一上只写不打,一下又写又打,二上二下不写只打,到了三四要写就写,要打就打。"① 其实这也不是绝对的。我们在一年级上第二个月就开始用打字,用的是最简单的 Penless②(也用过南极星③)。目的是在开始学习写字的同时也让学生知道,中文是可以打字的。在这个阶段强调每个字母、每个声调和单字(不是词)输入。目的是要学生记住发音,认出字形,便于辨认。但是书写在这阶段比打字多。因为一是要满足学生对写字的好奇心,二来是要让学生对字形、笔画、偏旁、笔顺有概念。打字只在 lab 里进行。到了一年级下学期开始就用打字做作业了。学生可以在家里打字,不必每次都到 lab。学生的作业用 E-mail 提交。二年级更是如此。此后作业和测验都在电脑上进行,全部用打字(包括高年级)。因此打字在实际的学习中占很大的比重。

4 网上教学与远程教学

大家常将网上教学和远程教学等同起来,其实两者并不相同。网上教学可以是远程的,也可以是近程的。远程教学也不一定就是网上教学,以前的广播电视教学也是远程教学,但没有使用电脑。日常课堂教学也可以是网上教学,但不一定是远程的。例如放在网上的电子教案就可以近程使用。上面所说的电子教案即是网上教学,是网页支持的教学。

大约在十年以前我对于完全的网上课程很热衷,花了很多时间设计制作了初级中文的课程,放在网上让学生学习。结果不理想,退课率达到 50%。究其原因,是完全的网上学习需要学生有强烈的学习动机,有自控和自学的能力,能够按照规定的进度学习。然而人的惰性使大多数的人不能坚持到底。一般出现的情况都是拖延作业和测试。老师对此往往是无能为力。即便是有学分的制约,学生也是最后放弃学分,放弃课程。

以后我就考虑改变模式,采用混合的网上教学,把面授和网上学习结合起来。几年下来发现也不是所有的课程适合采取这种模式。低年级的口语课以面授为本,加上网上资源的支持是比较合乎实际的。到了高年级网上的课程就比较合适,可以跟据不同的课程的性质采用混合的或者完全的模式。例如三年级的文言文可就可用混合模式。学生自学课文,到课堂里来讨论。三、四年级的报刊阅读课程就可以采用完全的网上教学模式,学生的讨论完全可以在网上进行,最后的考试和报告都可以如此进行。总之,网上教学不是一刀切,要看课程的性质和实际情况的需要。

远程教学对于课外辅导以及跟其他学校的学生合作学习是非常有效的手段。我们曾经得到联邦政府的资助,举办了六年的暑期海外学习班。每一届的学生

---

① "一上"就是第一年第一学期,以下类推。
② Penless 软件由任常慧教授和徐平教授共同开发,有关研究论文存于:http://www.sino-platonic.org/complete/spp102_teach_chinese.pdf;该软件现存于:http://learningchineseonline.net/tools/PLINSTALL.EXE;说明文件存于:http://learningchineseonline.net/tools/Penless.doc。
③ 南极星官网:http://www.njstar.com。

连续两个暑假去国外学习中文，他们来自各地各校，暑期学习回来以后分别回到自己的学校。因此在两个暑假之间如何维持他们的语言就成了一个问题。我们利用远程网上手段，分别与北京、西安、台北的老师连线，在网上对这些学生进行辅导，每个星期都至少有一个小时的时间跟辅导员交流学习，收到很好的效果（谢天蔚，2013）。其他学校也有采用网络视频在学校之间进行学生间的交流，例如日本早稻田大学学生跟国内的大学和台湾的大学连线，进行视频讨论，效果非常好（砂冈和子，2012）。此外，还有利用电子邮件请国内的对外汉语专业和国际汉语教育专业的学生来辅导我们的学生。辅导员帮助老师批改学生的作业，回答学生的问题，有必要时在网上进行语音或视频讨论。这种利用电子邮件辅导的模式虽然可以进行，但并不理想。

5 今后如何？

十年以前 Bax 在 "CALL—past, present and future"（《电脑辅助教学——过去、现在与将来》）这篇文章中对当时的电脑教学情况做了分析，并提出了"常态化"（normalization）的概念（Bax, 2003）。所谓常态化就是人们在日常生活中对某一项技术已经习以为常，已经不认为这些工具是高端的科学技术。十年过去了，现在的情况如何呢？上面已经说到中文教师学会在 2012 年发出问卷，向北美高校的中文老师调查中文教学情况。其中有几个问题是关于电脑应用的。从调查的结果来看，最常使用的几个方面就是我们前面说到的 PPT 演示工具和网上资源（谷歌搜索和 YouTube 视频资料）。其中一个很有趣的现象就是老师们在实际教学中使用移动和云端技术还不多。而移动和云端技术在近两年中得到飞速的发展。对这种现象的唯一解释就是这两种前途无量的技术在中文教学中还没有"常态化"，还需要一定的时间。如果我们在两三年以后再进行一次调查，那么结果很可能会很不一样。

近两年智慧手机和平板电脑崛起，通讯的工具也层出不穷，不断更新换代。交流通讯工具"微信"异军突起，本来许多人使用 Skype 的也转向微信，有的甚至用微信代替了电子邮件。Facebook 在此类软件面前也蒙受极大的压力。前两年在中文教学界已经有不少人曾经使用 Skype 来进行远程辅导和教学，那么在微信出现以后是不是会影响到如何在中文教学中使用电脑呢？博客和微博也是老师们用来跟学生交流的好工具。现在会不会随着微信的出现发生变化呢？平板电脑进入教室，老师怎样利用平板技术呢？我们有没有足够的教学资源可以在平板电脑上使用呢？

技术的发展太快，问题很多，我们必须很好地思考和研究，面对日新月异的技术发展，中文教师到底应该怎么办？这乃是以后要讨论的题目。

我有三点体会：第一，坚持不懈，终生学习。老师面对不断更新的电脑技术，必须树立终生学习的观念，要坚持尝试实践，从实践中学习。以前是有什么用什么，现在是要什么有什么。关键是要从自己的需要出发来尝试实践。第二，不要贪多，不要急于升级换代。每一个新工具要充分了解彻底利用。有的工具比较长命，有的工具相对短寿。第三，始终记得自己是中文老师，不是电脑技师。中文教学的根本是教什么怎教，电脑始终是工具。让电脑为你服务，而不要做电脑的奴隶。

参考文献

［1］砂冈和子. 远程汉语课多语言聊天室的教学效果［J］. Journal of Technology and Chinese Language Teaching. 2012, 3（1）：1-12.
［2］谢天蔚. "手写"还是"电写"——电脑输入中文引起的讨论［J/OL］. 美国中文教学与研究, 2011. http://www.clta-gny.org/journal/Journal_ 2011.pdf.
［3］谢天蔚. 跨国远程辅导实习的可能性［C］// 曹顺庆, 俞志强. 第十一届国际汉语教学学术研讨会论文集. 成都：巴蜀出版社, 2013.
［4］Allen J R. Why Learning to write Chinese is a waste of time：a modest proposal［J］. Foreign Langauge Annals, 2008, 41（2）.
［5］Bax S. CALL—past, present and future［J］. System, 2003, 31：13-28.
［6］Yu Li, Wen Xiaohong and Xie Tianwei. CLTA 2012 survey of college-level Chinese language programs in North America［J］. Journal of the Chinese Language Teachers Association, 2014, 49（1）：89-93.

谢天蔚，美国长滩加州州立大学
Tianwei. Xie@csulb.edu

（责任编辑　苏丹洁）

美国普林斯顿大学的中文教学特色*

张静静

摘 要：美国普林斯顿大学东亚系（Department of East Asian Studies）的中文教学在北美久负盛名，影响广泛。本文拟从教学管理、课程设置、课堂教学、考核方式等方面系统介绍其中文教学特色，以期通过海外教学经验的介绍，促进汉语教学的推广和发展。

关键词：普林斯顿大学东亚系；教学管理；课程设置；课堂教学；考核方式

美国普林斯顿大学东亚系自20世纪50年代末期开始开展中文教学和研究工作，经过半个多世纪的发展，中文项目形成了独特的教学风格，在美国影响广泛，备受赞誉。结合笔者的教学经验，本文拟从教学管理、课程设置、课堂教学、考核方式等方面，对其中文教学特色做简要的介绍。

1 教学管理

1.1 发挥网络平台的作用，制定严密的教学计划

普林斯顿大学（以下简称"普大"）的中文教学强调计划性。每个学期正式上课之前，教师会将本课程的教学大纲放在网络教学平台"blackboard"上，一般包括以下几个方面：①课程一般信息，包括课程名称、授课教师姓名及联系方式、上课时间及地点、所用教材等；②课程介绍，包括该课程的目标、主要内容、学生应达到的水平、教学方式方法等；③对学生的要求，在出勤、预习、听写、周试、课后作业、个别谈话等方面提出了详细的要求；④成绩评定，包括评定的标准、原则、方法等。

除此之外，每周上课以前，教师也会在"blackboard"上贴出本周的教学计划。包括本周每一天的教学进度及作业要求，并将本周所要讲授的主要生词和语法点放在网上，方便学生预习。

---

* 本文系国家汉办中山大学国际汉语教材研发与培训基地子项目"海外汉语教学和教材使用情况研究（本部）"（项目编号：09021-5120912）的成果之一。

1.2 强调课前预习，做到有备而来

上课之前，学生与教师一样，需要做大量准备工作，如基本掌握生词的读音和写法，朗读课文，了解课文的主要内容等，以保证自己有足够的知识储备参与到课堂学习活动中来。这样既可以减少教师讲解内容、充分利用课堂教学时间，也能让学生进行更多的实践练习，真正实现"以学生为中心"的教学原则。为了检验学生的预习效果，老师上课做的第一件事情通常是从课文中找出一句包含一定量生词的句子进行听写。

2 课程设置

在课程设置方面，具有以下特点：

2.1 实行"华洋分流"

近年来不少学者，如吴星云、朱志平等对华裔与非华裔两类学生的学习特点、教学重点等进行了研究。普大中文部一直采用"华洋分流"的分班原则。两类学生班级在教材、教学方式、教学重点等方面均不同。普大初级华裔班所用的是自编教材《华夏行》和《中国啊，中国！》，非华裔班采用的是自编教材《中文入门》。在教学方式上，非华裔班以听说法为主，注重基本句式的反复操练；华裔班的教学则在句式操练之外，加大话题讨论的比例，训练学生成段表达能力。在教学重点方面，非华裔学生侧重生词、语法的理解和运用，以及发音的准确性；华裔学生在初级阶段则侧重发音的纠正，并加强汉字的认读和书写训练。

2.2 淡化大小班的区别

美国不少大学的中文教学在课型设计上采用大班（lecture）讲解与小班（drill）相结合的方式：前者把学生集中在一起，对生词、语法点及课文内容等进行讲解；后者分成若干个小班，由教师指导进行大量的听说训练，是一种"控制式的操练课"。普大的教学逐渐淡化大小班的区别，主要表现在两个方面：

（1）课堂人数方面。一般大班课的人数为 30～50 人，小班课人数为 10 人左右。而普大的中文课堂人数一律控制在 10 人以下，每个班的学生也较为固定。

（2）教学内容方面。在教学中逐步将讲解、操练和讨论融为一体，即先以课文为依托对语言点进行讲解；再从课文内容扩散出去，对主要的词汇、语法进行操练，增强语感；最后回归课文，围绕课文内容进行讨论，实现"准确度→熟练度→流利度"的层层递进。

2.3 口头与书面表达能力平衡发展

在二语教学界，不少学者提倡"听说领先、读写跟上"。这种观点在初级阶段的教学中的确发挥了重要的作用，但其弊端表现在中、高阶段不少学生出现"读写跟不上"的情况。普大的中文教学注重口头与书面表达能力的平衡发展。从初级班开始，教师每周会给学生一个跟课文内容相关的话题，进行写作训练。教师修改后，学生经过多次诵读，达到基本可以背诵的程度，再通过口头报告的形式展示给大家。通过"写→读→说"的过程，学生的口头与书面表达能力获

得了平衡提高。此外，学生每周有一次跟老师一对一谈话的机会。谈话时间为20分钟左右，以本周所学的课文内容为主要话题，通过师生之间的问答、讨论，检验学习效果，对学生的发音、词汇语法的运用等进行有针对性的辅导。

2.4 开展丰富多样的课外活动

除了课堂教学之外，普大还注重活力课程的设置——丰富多彩的课外活动。如中文演讲比赛，参观纽约中国城，鼓励学生参加中国留学生组建的话剧社并参与演出，支持学生举办"Asian Market"（亚洲市场）——品尝中国美食、欣赏中国传统服饰及特色表演，等等。此外，还举办"Chinese Table"（中文桌子）——中文老师和学生共进晚餐，在轻松的气氛中，谈论大家感兴趣的话题，把学习汉语的场所从课堂转移到饭桌。

2.5 与国内高校合办暑期汉语强化训练班

在目的语环境中学习一种语言是最有效的途径。从1993年起，普大与北京师范大学联合举办"Princeton in Beijing"（普大北京暑期汉语培训班，简称普北班）。学生入学前需要经过严格的入学考试（包括口试和笔试），根据成绩并兼顾个人意愿将学生编入不同年级；学生需要签订语言誓约，保证在学习期间不讲英文。经过8个星期集中学习，学生基本可以完成在美国一学年的学习任务。通过期末考试，可获得美国大学认可的学分。普北班是非常成功的短期语言强化训练班，其成功的经验也不断被其他语言训练班所吸收和借鉴。

3 课堂教学

课堂教学是学习的核心环节。普大的中文课堂教学特点主要体现为严格纠音和注重"精讲活练"两方面。

3.1 严格纠音

普大中文教师非常重视学生的发音及声调训练，并将这一原则贯穿于初、中、高整个教学阶段。中文部主任周质平教授在2007年全美中文教师学会上曾力陈发音训练的重要性，并借用陈大端先生之言，认为教师不纠音会使学生"一失音成千古恨"。但纠音的具体操作过程也有技巧和策略。如某个同学某个词的发音不准，教师纠正一两次之后，效果还不明显。此时，教师应转换策略，将对某位同学的关注转移到所有同学身上，以减轻学生的紧张感、焦虑感。可以让全班同学齐唱一两遍，再让学生一一独唱。这样既达到了纠音的目的，又确保了整个教学过程的流畅。

3.2 注重"精讲活练"

早在20世纪60年代，北京语言学院便强调对外汉语的课堂教学应注重"精讲多练"的原则。彭小川在该原则的基础上提出"精讲活练"的原则。普大的"精讲活练"具体表现在以下几个方面：

（1）语法规则公式化，并配以精准的英文解释。

如在给学生的预习材料中，对"有（一）点儿"的介绍如下：

有（一）点儿 + adj.（undesirable）

e.g.：有（一）点儿贵、有（一）点儿热

有（一）点儿 + emotion verb（undesirable） e.g.：担心、生气、害怕

错 wrong：妈妈来看我，我有点儿高兴。

错 wrong：我今天一点儿累。

学生在预习的时候，看到这样的解释已经基本明白"有点儿"的格式和意思，在课堂上，自然也没必要多讲。值得注意的是，在对语法点的讲解上，不但列出正确的表达形式，也列出常见的偏误，这样可以"使习得者具备区分正误的能力"，从而有效减少偏误。

（2）注重点拨式教学法。

陆俭明曾指出："教学中不要大讲语法，特别不要一条一条地大讲语法规则，而要善于点拨。"普大中文教师课堂上很少使用语法术语，强调引导学生分析、发现、总结规律性的东西。如在介绍"就"和"才"的用法时，老师以课文内容为基础，引导学生了解"就"和"才"的区别。具体如下：

老师：中国学生几点钟开始上课？
学生：七点半。
老师：七点半上课早不早？
学生：很早。
老师：七点半上课很早，我们可以说（指着投影上"就"的句式，让学生说）"中国学生七点半就开始上课"。
老师：你们几点钟开始上课？
学生：九点钟。
老师：跟中国学生比，你们上课的时间早还是晚？
学生：比较晚。
老师：你们上课的时间比较晚，我们可以说（指着投影上"才"的句式，让学生说）"我们九点才开始上课"。
老师：可是我听说普大很多学生常常10点、11点起床，他们觉得9点上课早不早？
学生：很早。
老师：那这样的学生会怎么说？
学生："我们9点就开始上课"。

通过这样的教学过程，让学生体会到"就"表示的是说话者认为动作发生得比较早，"才"表示的是说话者认为动作发生得比较晚。

（3）注重思辨意识的培养。

普大中文教学也注重思辨能力的培养，鼓励学生积极参与讨论。如在语法点的操练中，注重提出一些可供讨论的问题。再以"就"、"才"教学为例：

教师提问——中国人、美国人生活习惯的不同，学生回答围绕"中国人、美国人起床、睡觉时间的不同"展开讨论。

学生1：中国人很早就起床了，美国人很晚才起床。

学生2：中国人很早就睡觉了，美国人很晚才睡觉。

……

教师：大家说得很好。刚才有同学说"中国人很早就睡觉了，美国人很晚才睡觉"，在普大，你们的中国朋友也很早就睡觉了吗？

学生：不是，他们很晚才睡觉。

教师：为什么？

学生1：因为他已经习惯美国的生活了，所以他也很晚才睡觉。

学生2：因为他的同屋很晚才睡觉，所以他也很晚才睡觉。

学生3：因为普大的学生都很忙，功课很多，用很长时间才能做完，所以他很晚才能睡觉。

……

在一定量的句式操练之后的讨论，既能活跃课堂气氛，提高学生的参与欲望，培养学生独立的思辨能力，又能让学生在讨论的过程中复习、巩固所学的语言知识。

（4）注重语块教学。

目前语块教学在对外汉语教学界越来越受到重视。周健认为语块在第二语言习得有重要价值，既有助于产出规范和习惯的汉语表达，形成汉语语感，又有助于克服中介语及词汇搭配错误，避免语用失误，提高语用水平。普大的中文教学尤其注重语块的构建，如将"整天、学会、买不起"等传统意义上的短语放入生词表，让学生整体记忆。在教授语法时，也注重以语块的形式将其常用搭配展示出来。如初级非华裔班在教"各"的时候，教师列出格式：

各（+地/人/国/校/班+）有+各（+地/人/国/校/班+）的 n.

并告诉学生在目前阶段，能用在该句式中的词只有"地、人、国、校、班"，从而有效避免"各"后名词滥用、误用的情况。

4 多样化的考核方式

普大中文课程的考核形式全面且多样化，如听写、课文朗读、口头报告、周试、期中考试、期末考试、作文等。如在考察量词与名词的搭配时，常常编写一段短文，让学生在理解的基础上选取合适的量词（表1）。

表1 选用以下量词完成短文

道	家	件	包	台	座	瓶	段	碗	块	股

我的宿舍附近有一（　）过街天桥。我经常去走过街天桥到对面的饭馆吃饭。我最喜欢的一（　）菜是红烧鱼。今天我去饭馆旁边的一（　）商店买了一（　）洗衣粉和一（　）矿泉水，还给女朋友买了一（　）小礼物。饭馆里有一（　）电视机，看电视的时候，我听到了一（　）很有趣的对话，我一高兴就多吃了一（　）牛肉面和一（　）西瓜，不知道为什么吃完以后肚子不太舒服，很想上厕所。饭馆的厕所条件不太好，有一（　）臭味，我真不喜欢。

5 总 结

综上所述，严密的教学管理、完善的课程设置、高效的课堂教学以及多样化的教学评估是普大中文教学的主要特色。近年来普大中文教学的规模不断扩大，汉语成为仅次于西班牙的第二外语。其教学效果也不断提高，培养出来的学生多次在汉语桥、国际大学精英辩论赛等大型比赛中获得优异成绩。"他山之石，可以攻玉"，希望普大的中文教学情况能为国内外的汉语推广工作提供借鉴。

参考文献

[1] 陆俭明. "对外汉语教学"中的语法教学 [J]. 语言教学与研究, 2000 (3).
[2] 彭小川. 论"精讲活练" [J]. 语言教学与研究, 2003 (1).
[3] 吴星云. 美国大学华裔与非华裔学生中文习得差异及教学法探索 [J]. 华文教学与研究, 2010 (3).
[4] 周健. 语块在对外汉语教学中的价值与作用 [J]. 暨南大学学报: 哲学社会科学版, 2007 (1).
[5] 赵金铭. 对外汉语语法的三个阶段及其教学主旨 [J]. 世界汉语教学, 1996 (3).
[6] 朱志平. 美国华裔学生在汉语课堂中的优势和问题 [J]. 北京师范大学学报, 2009 (6).

张静静, 广州中山大学国际汉语学院
fanzhangjingjing@gmail.com

(责任编辑 薄 巍)

中文沉浸式教育的美国明州模式：
实践、经验与启示

张伟东

摘　要：美国明尼苏达州（以下简称"明州"）素以重视教育、勇于尝试、开风气之先著称。如今明州的中文教育探索出了新的实践——一种区别于中文作为普通外语课程的新型沉浸式中文教育模式。本研究通过对明州三所设置沉浸式中文教育项目的学校进行了近两年的个案研究，结合课堂观察，旨在探索这种以全语言为特色的新型中文教育模式在海外中文教育中的实践与启示。

关键词：沉浸式；中文教育；明州模式；全语言；二语习得

20世纪90年代末以来，中文在美国社会越来越受重视。2002—2009年，选修中文的大学生总数增长了90%，在所有语言中增幅仅次于阿拉伯语（Furman, et el., 2010）。特别是"9·11"之后，美国提出了"关键语言"（Critical Language）的战略；2006年美国提出"国家安全语言倡议（National Security Language Initiative）"（U. S. Department of Education, 2006），致力于推动、培养、提高美国学生的外语能力，学习与掌握包括阿拉伯语、中文等在内的"战略语言"，确保美国在21世纪的国家安全、经济竞争力与繁荣。应因社会对中文需求的快速增加，中文教育在美国方兴未艾。美国的中文教育借鉴以往法语、西语的成功经验，探索沉浸式中文教育模式，以培养高水平的中文语言人才。

1　何为/为何外语沉浸式教育

二语教学中，一种将二语作为学校教学语言的模式被称为"沉浸式教育（immersion education）"（Johnson & Swain, 1997）。它源于20世纪60年代加拿大魁北克省。由于独特的英法双语并存的历史社会文化条件，魁北克长期推动英、法双语教育。可传统法语教学效绩不彰，遂率先尝试为英语母语的学生开设以法语为二语的沉浸式教育项目，希望在质和量两方面通过大量目标语（target language）的使用，提高学生二语水平。近40年的实践表明，沉浸式教育是一种重要而有效的二语教育模式。

根据加拿大学习委员会（Canadian Council on Learning）2007年的法语沉浸式教育的报告，沉浸式教育项目可以根据学习二语的初始年龄和二语教学的强度两个维度分类：①根据学习二语的初始年龄，可分为早期（开始于5～6岁，幼儿园或小学一年级）、中期（9～10岁，小学的中期）、晚期（11～14岁，小学晚期或初中）。早期沉浸式与中晚期沉浸式的区别在于，早期沉浸式的二语读写能力的培养早于学生母语读写能力的培养。②按二语教学的强度，沉浸式可分为完全沉浸式（total immersion）和部分沉浸式（partial immersion）。完全沉浸式教育在最初的三年中，完全用二语教学。母语（通常是英语）一般要到第四年的时候才作为一门单独的课程介绍给学生，在尔后的年份里使用二语授课的比例递减，从最初的80%逐年递减到40%，而用英语授课的课程比例逐年增加。部分沉浸式教育则二语和母语在教学中的使用比例相当，通常是平分秋色，且相对稳定。

此外，根据沉浸式的学生构成，还可分为双向沉浸式（two-way immersion）、单向沉浸式（one-way immersion）。单向沉浸式所有的学生都是二语的学习者，而双向沉浸式中有30%～60%的学生是目标语为非母语的二语学习者，其余为以目标语为母语的学生。

沉浸式教育与传统的外语教学的分野是：二语作为教学语言，在学校营造出二语环境，通过各个科目的学习，直接使用和接收二语。Johnson & Swain（1997）发现，经过2～3年的沉浸式教育，儿童二语的流利程度和使用二语的自信心得到大幅提高，虽然他们的说写水平可能仍会与母语使用者存在相当的差距，但听、读水平与同龄的母语使用者相当，并能保持下去。

2 中文沉浸式教育的理论依据

美国的中文沉浸教育始于20世纪80年代。2012年8月《华尔街日报》报道，全美的中文沉浸式学校（项目）已从2000年以前不到10所的规模发展到125个左右。

早期的沉浸式对于中文学习来说尤其重要：

（1）Lenneberg（1967）从神经生理学的观点指出，大脑从2岁开始"边化"（lateralization），通常在11～19岁之间完成边化过程。边化完成后，语言学习主要转由左脑负责；而边化完成前，大脑的左右两半球均可参与语言学习，即儿童用全脑来学习语言。Krashen（1973）后来修正了Lenneberg的假说，指出大脑的边化大大早于青春期，应该与母语习得相关，不应成为二语习得的障碍。虽然学术界对此仍存争议，但儿童及青少年早期开始接触并学习中文，对他们今后对中文的掌握，特别是中文发音标准度有相当的影响。

（2）对母语为英语或西语的美国学生而言，掌握中文的难度较大。Rutherford（1983）的研究表明，二语与母语的语言距离越近，就越容易学习掌握。美国国务院下属的驻外事务处（Foreign Service Institute）将中文归为最难学的"第四类语言"（相对其他几类而言，如西语、法语归为"第一类语言"）。而沉浸式的中文教育不仅能让学生尽早开始中文学习，而且能让学生尽多接触使用中文，从而延长学习中文的时间，以期降低学习难度。

（3）沉浸式的教育为二语的学习者提供了充分和必要的语言输入与输出。二语习得的理论中有输入和输出的两个假说，输入假说强调了语言的输入，包括听与读在语言学习中的重要性。二语学习者对说和写的掌握在他们充分理解语言的输入后可以自然而然产生。因此 Krashen（1985）指出，"可理解的输入（comprehensible input）是二语习得的唯一真正的缘由。"不过研究人员也发现，虽然加拿大法语沉浸式教育项目的学生在某些听读理解的考试中取得了与同龄法语系国家学生相仿的成绩，在说与写上却仍有差距。由此，Swain（1985）进一步提出输出假说，认为可理解的输入固然是必要的，但不是充分条件，语言输出同样不容忽视。语言输出可以让学生注意到母语和目标语间存在的距离，激活学生为了表达而对目标语形式的注意力，具有关注的功能（noticing function），从而促进二语的学习和掌握。而沉浸式运用中文作为教学语言，最大程度地为二语学习者提供了有效的、可理解的语言输入和输出。

（4）中文沉浸式教育实现了二语内隐习得（implicit acquisition）与外显学习（explicit learning）的有机结合和互动。Krashen（1982）区分了两种不同的获取二语知识的途径：一为"语言习得"（acquisition），一种类似却不完全等同于儿童发展母语能力的过程，这个过程是学习者不经意间的下意识获取并开始使用语言知识；另一种是语言学习（language learning），一个有意识获取二语的知识，包括语言规范的过程。而中文沉浸式教育，中文成为课堂内外的教学和交流的工具，结合了对中文有意识的外显学习和下意识的内隐习得。

3 中文沉浸式教育的明州模式

不同于美国大多数沉浸式中文教育模式，明州探索的中文教育模式是一种更为大胆的"早期的、单向的、完全沉浸模式"（early one-way total immersion）。由于地处美国中西部，当地华裔人口远不如东西两岸集中，母语为中文的华裔子弟少，具备一定中文水平的华裔学生更为缺乏。因此以中文为二语的学生为主，从幼儿园入学就开始进入沉浸式中文教育，在最初的三年中完全用中文教学。

明州最早的沉浸式中文项目是创办于2006年的英华学校（Yinghua Academy）。这也是全美最早的一所公立特许中文学校。第二年又有3家沉浸式中文学校相继创办。一家是设在霍普金斯学区（Hopkins Public Schools）艾森豪威尔小学（Eisenhower Elementary School）的新星小学（Xinxing Academy），另外两家则是在相邻的明尼汤加学区（Minnetonka Public Schools）的Excelsior小学和Scenic Heights小学同时开办的中文学校。明州在短短7年间已经开设了7家沉浸式中文学校，除了上述英华、新星和明尼汤加两所小学外，还有森林湖、圣保罗、圣克劳德学区的中文沉浸式学校也相继创立，除了英华和森林湖两所属于公立特许学校，其他5所均为普通公立小学。

笔者在2011—2013年对新星小学、Excelsior小学、Scenic Heights小学相继进行了多次实地访谈和课堂观察，并进行了个案分析。这三所沉浸式中文学校相距不到10英里，创校的历史和学校的规模也相仿，且都是明州沉浸式中文学校联合会的成员单位，具有明州沉浸式中文教育模式的共性。

本研究采用的个案分析是在教育领域中运用最广泛的质性研究方法之一。Merriam（1998）指出，质性的个案分析决定性的特点在于它调查研究的具体过程、分析单位以及最终的研究成品。本个案分析旨在通过对具体中文沉浸式教育个案的深入探索，分析新型中文沉浸教育的明尼苏达模式的特点，剖析这个模式的具体实践意义及其得失，并讨论它给海外中文教育带来的启示。

4　个案分析：霍普金斯学区新星小学

4.1　双轨制的模式

艾森豪威尔小学是霍普金斯学区一所设置了幼儿园到六年级的公立小学。霍普金斯学区的沉浸式中文学校新星小学就设立于此。新星小学既是整个学校的一部分，与其他教学部门共享学校图书馆、餐厅、电脑室和英文师资等配备资源，而又相对独立，可以说是学校中的学校，学校中的特区。

4.2　阶梯式的发展

新星小学创办于 2007 年秋季。最初学校只开设了两个幼儿园班。如今从幼儿园到六年级共设 14 个中文班，每个年级开设两个中文班。将来学区考虑在初高中陆续开设沉浸式中文班，为他们进入大学学习高水平中文打下扎实基础。

4.3　课程设置与课时分配

从幼儿园起，每个年级都开设艺术、语言、健康、数学、音乐、体育、科学、社会、技术课。除了艺术、音乐、体育课与艾森豪威尔小学其他非沉浸式班共享资源外，其余课程在最初的三年都用中文授课。

4.4　师资配备

新星小学现有 12 位中文为母语的沉浸式课堂教师，四位课堂助理教师，每年还有两位来自中国的孔子学院志愿者教师。基本上一个班一个课堂教师和一个年级一个教师助理。

4.5　同步调的发展

沉浸式中文学校虽然是使用中文作为教学工具的"特区"，但教学目标和要求需要与该学区的所有学校同步。例如，霍普金斯学区的"学业和个人发展技能预期标准"（Hopkins Public Schools, 2009）要求一个幼儿园学生的语言（language arts）在发展并运用学前阅读技能方面要达到：①理解印刷文字的概念：印刷文字念出来时，口头文字必须跟印刷文字一致；②能够认识跟幼儿园课程设置相关的 150 个常用汉字；③能够认识汉字能够排序组成句子；④能够认识故事的结构：人物特点、故事事件、细节并预测结局；⑤理解逻辑关系：简单的顺序和比较与对比；⑥能够把阅读看作一个正面的有意思的经验。

5　课堂观察：全语言的课堂

5.1　王老师的幼儿园班

该班共 21 位学生。宽敞的教室里按

照不同的功能区域布置得既琳琅满目，又井井有条，活泼而有朝气。教室里中国文化元素的灯笼、汉字到处可见。

上午8:45—9:05：报到及早餐时间。8:45后，学生们陆续走进教室，他们都能用中文跟老师打招呼。教室里放着欢快的中文儿歌，学生们四五人围坐一桌吃早餐。在家吃过早餐的学生则在旁边看书、画画。老师跟学生简单交流，学生可以说："我要吃……"、"某某同学生病了"。

上午9:05：早课开始。老师将孩子们集中在一起，写名字、交作业，然后大家在地毯上围坐一圈，边唱边做拍肩拍腿的动作，一个接一个问候，"拍拍手，拍拍腿，拍拍肩，你好吗？"被问候的小孩回答，"我很好，谢谢。"然后大家继续接着唱，问候下一位，一个接着一个。中间老师发布着不同的指令，"眼睛看老师。""问好。""棒不棒？"在轻松快乐的游戏中，学生活动了筋骨，也掌握了一些有关人体部位的词汇，同时熟悉了用中文相互问候。接着老师问候大家，并告诉大家："今天4个小朋友生病了，请数一数几个小朋友在教室。"大家便开始数数字，一共数出17个。老师又让大家数一共有多少只脚，大家穿的是什么颜色的鞋子。小朋友一个个地回答，我穿的是黑色的、粉红色的、棕色的鞋子。老师问这双鞋跟那双鞋一样不一样。这样练习了数字、颜色和比较句。

老师让学生伸直腿，向前倾，拍拍手，问大家全班有几个手指，大家开始说10、20、30每隔10位的大数，然后又是拍拍手。老师让穿黑色裤子的可以站起来，然后是穿白色衣服的、紫色上衣的、棕色裤子的。然后一起站起来，站成里外两个圈，开始做游戏。上下、前后、左右、转个圈圈来猜拳，扭一扭，拍拍手，踏踏脚，大家唱起了拍手歌，"你拍一，我拍一，一个小孩坐飞机，你拍二，我拍二，两个小孩……"

上午9:25：晨会结束。这个晨会既让孩子活动了筋骨，也在使用中文中练习了数字、颜色、方位、比较、问候、身体部位、服装等，从各个方面进行了语言训练和大量可理解的语言输入。

这些学生秋季入学幼儿园时中文始于零起点，经过近3个月的沉浸式中文教育，已初步能用中文进行课堂口头沟通交流，且教师的课堂用语符合学生的特点——语速缓慢，表达清晰，以短句为主，祈使句和问句多，且多重复，与情境相关性强，再伴以表情、动作和肢体语言，能让儿童易于获取词汇和发音的知识（O'Grady & Cho，2001）。

5.2 各年级课堂观察

5.2.1 一年级的拼音课

这是一堂汉语拼音课。孩子们坐在有24个不同颜色的方格拼板塑胶地毯上，唱拼音歌，"嘴巴张大 aaa，嘴巴圆圆 ooo，嘴巴扁扁 eee，牙齿齐齐 iii，嘴巴突出 uuu，像吹笛子 üüü"。他们还做小兔子找妈妈的字母拼读游戏。学生和老师之间可进行简单的对话。

5.2.2 二年级的数学课

这节数学课是学习小数的加法。学生三人一组做购物的游戏，一个是老板，两个是顾客。学生们能使用中文进行购物对话，买牛奶、草莓、咖啡等，不仅能识别这些日常物品，还能运用数学公式在纸上进行小数的加法运算，并用纸币进行交易。

5.2.3 三年级的社会课

这节社会课是认识美国的地理知识。教师让学生用中文在地图上指出美国50个州及其州府所在地，然后在测验纸上各自填空识认美国地图。学生已经积累并能表达不少超越日常会话的社会性知识，并可说出每个州的中文名，包括比较偏僻的蒙大拿州、犹他州等。

5.2.4 四年级的阅读课

教师给学生念一本中文童话书《屎壳郎的故事》。教师念得绘声绘色，边念边提问；学生们听得津津有味，有时候更是笑得前仰后合，争先恐后地抢答问题，评论书中的情节和人物。教师还让每个学生写好书推荐，做海报，介绍一本值得推荐的书的内容、主人公以及推荐的原因。学生的语言已经到了能运用语段表达复杂的想法阶段。

5.2.5 五年级的科学课

这堂科学课是介绍滑轮的机械力学知识，包括单滑轮和双滑轮、定滑轮和动滑轮。这门课没有相应的中文教材，教授这样的科学课富有挑战性，这不仅是相应教材的缺乏问题，而且对教师的科学基本知识的要求也很高。同时，科学课的术语也非日常生活用语，用简易的中文解释比较困难。这节课上，教师让学生分组动手，用弹簧秤、尺、绳子、胶带、滑轮等做实验，分别测量单滑轮和双滑轮哪种更省力。学生们用中文进行讨论，解决问题。

6 分析与讨论

明州这种早期、单向、完全的沉浸式中文教育发展稳健，效果显著。学生不仅中文水平远高于以中文为外语来学习的学生，参加中国国家汉办的YCT考试通过率几乎百分之百，而且数学科学成绩高于学区内非中文沉浸的班级。

第一，沉浸式中文教育中，学生的语言习得近似于母语的习得，是"在动态社会情境中习得作为更大的人类交流系统中的一部分的语言"（Clark, 2010）。沉浸式中文教育呈现出一种Goodman（2005）所称的全语言模式。他指出从儿童的（第一）语言习得中发现，保持语言的整体性，调动儿童有功效地和有目的地使用语言，以沟通和意义作为语言学习的重点，来满足沟通的需要和习得语言。沉浸式中文教育将语言的学习从通常的中文语言课扩展到非中文的所有课程，通过创造全中文的语言环境、语言学习和日常交流，语言学习和其他课程学习有机结合，通过用二语这个媒介学习课程知识，反过来提高中文的水平。

不过如何延伸语言沉浸是一个有待解决的问题。语言沉浸多数止于学校，学生放学后完全处于英语语言环境，中文有效输入输出的有限性会使学生的中文习得大打折扣。

第二，语言根植在文化之中，如何在语言沉浸的同时进行文化导入，实现语言沉浸与文化沉浸相结合非常重要。以上案例学校中，例如新星已经有意识地将中国文化元素引进到整个学校的课程设置中，中国歌曲音乐已经进入音乐课，中国舞蹈和功夫也被引入体育课，且开展一些有关中国文化的活动，但对中国文化的介绍限于中国饮食、音乐、舞蹈、武术等表层，对中国文化的深层结构和思维模式则尚未触及，这势必影响学生最终的语言表达和理解能力。这个问题涉及沉浸式中文教育的课程设置和教材开发，还需进一步探研。

第三，英文介入的影响也不容小觑。三年级开始，学生们正式开始在课堂上学习英文。在研究中发现，不少学生的中文发音开始出现所谓的"洋腔洋调"。这是不是学习英文而带来的负面影响？如何消除这样的影响，也是一个新的课题。

另外，沉浸式中文教育对师资的培养和配备提出了全新的要求与挑战。例如，美国中小学教师肩负语言教学和其他课程教学的多重任务，一般要教授一个班除了体育、音乐以外的各门主要课程，这就要求教师们不仅懂得中文教学，而且要全面掌握各学科的知识。

普通的中文教育固然没有沉浸式那样全中文全语言的条件，但在何种程度上可借鉴沉浸式中文教育的经验，如保持语言的整体性，通过全中文交流增加学生有效的语言输入和输出，等等，也都值得探讨和深思。

参考文献

［1］ Furman N, Goldberg D, Lusin N. Enrollments in languages other than English in United States institutions of higher education, Fall 2009［R］. Modern Language Association, December 2010.

［2］ Goodman K. What's whole in whole language［M］. Berkley：RDR books, 2005.

［3］ Hopkins Public Schools. Academic and self development skill expectations［M］. 2009.

［4］ Johnson R, Swain M. Immersion education：international perspectives［M］. Cambridge University Press, 1997.

［5］ Krashen S. Lateralization, language learning, and the critical period：some new evidence［J］. Language Learning, 1973, 23（1）.

［6］ Krashen S. Principles and practice in second language acquisition［M］. London：Pergamon, 1982.

［7］ Krashen S. The input hypothesis：issues and implications［M］. New York：Longman, 1985.

［8］ Lenneberg E. Biological foundations of language［M］. Wiley, 1967.

［9］ Merriam S. Qualitative research and case study applications in education［M］. 2nd ed. San Francisco：Jossey-Bass, 1998.

［10］ O'Grady W, Cho S W. First language acquisition［M］// William O'Grady, et al. Contemporary linguistics：an introduction. Boston：St Martin's, 2001.

［11］ Rutherford W. Language typology and language transfer［M］// Gass S, Selinker L. Language transfer in language learning. Rowley Mass：Newbury House, 1983.

［12］ Swain M. Communicative competence：some roles of comprehensible input and comprehensible output in its development［M］// Gass S, Madden C. Input in second language acquisition. Rowley MA：Newbury House, 1985.

［13］ US Department of Education. National security language initiative［R］. 2006.

张伟东，美国明尼苏达州维诺纳州立大学全球研究与世界语言系
wzhang@winona.edu

（责任编辑　薄　巍）

调研报告

泰国中小学华文教学和教材使用情况考察*

彭 俊

摘 要：本研究主要通过访谈与问卷调查，运用分类统计、实证分析等方法，详实考察泰国华文学校的课程设置和教材使用情况。并针对考察情况，提出值得关注的若干共性问题和参考性建议。

关键词：华文教育；华文教学；华文教材

泰国的华文教育历史悠久，进入全日制的学校教育阶段已逾百年，是泰国汉语教育的重要组成部分。我们的调研表明，泰国的华文学校主要是中小学和附属幼儿园。课程和教材相对统一，华文教师主要关注现用教材的内容、形式和教法等。因此，我们在华文教育部分，对目前教材的若干共性问题，提请重点关注。

1 调研对象及工具

1.1 调研对象

泰国第一所华文学校是在1908年间由同盟会会员创办的华益学校，是一所以宣传孙中山先生三民主义、推翻清王朝为宗旨而创立的学校。此后，华人相继筹资开办华文学校。自1932年以来，泰国政府对华校采取各种形式的管制，华校一直处于风雨飘摇之中。到了20世纪70年代，中国实行改革开放政策，世界各国，特别是东南亚国家对中国的政策也有了明显的转变，从警戒、防范而改为信任、友善。1992年，泰国政府对华教开始实行开放政策（丁身展，2001）。时至今日，全泰国的全日制华校有130多所。本研究的调研对象主要是这130多所历史悠久的华文学校。现今华文学校每周可以开设10～12节汉语及文化课程，同时得到相当于普通国民教育学校40%的办学经费。

---

* 本文为中山大学国际汉语教材研发与培训基地项目"泰国华文教学情况和教材使用情况考察"（项目编号：5120917）报告的中小学部分。

1.2 关于调研统计表的设计

针对华文教育的实际情况,我们设计了如下调研统计表(表1、表2)

表1 汉语课程和教材统计表

汉语课程(据实填写,有则打√)	□综合 □会话 □听力 □汉字 □拼音 □阅读 □写作 □中文电脑 □其他 _____

汉语教材:请写出教材名称、编者和出版社,本表格不够请自行添加。
(1) 名称:_____
    编者:_____ 出版社:_____
(2) 名称:_____
    编者:_____ 出版社:_____	

教材建议:	

表2 文化课程和教材统计表

文化课程(据实填写,有则打√)	□书法 □绘画 □手工 □音乐 □武术 □舞蹈 □演讲活动 □文艺表演活动 □其他_____

文化教材:请写出教材名称、编者和出版社,本表格不够请自行添加。
(1) 名称:_____
    编者:_____ 出版社:_____
(2) 名称:_____
    编者:_____ 出版社:_____	

教材建议:	
希望开设哪些文化课程:	□书法 □绘画 □手工 □音乐 □武术 □舞蹈 □演讲活动 □文艺表演活动 □其他_____

填表学校:_____ 填表人:_____ 填表日期:____年__月__日

以上两个调研统计表,集中了本次调研的重点问题:现有的课程设置与教材使用情况,以及关于教材的建议和希望开设哪些课程。重点关注课程与教材,是因为课程设置和使用教材代表着一个学科的理论发展和实践水平，是客观考察教学情况的真凭实据。课程和教材的密切关系，在中小学的华文教学中尤为明显，从教材缺乏、课程单一，走向根据课程要求选用教材，反映了华文教育学科的整体发展动态。强调"据实填写"，以确保凡是得到意见和建议的教材，都是实际进入课堂的教材。特别设计"教材建议"栏目，旨在全方位收集关于现用教材的批评意见和优化建议。

我们的设计从实际出发。在"汉语课程和教材统计表"中，课程选项提供了目前华校可能开设的全部课程，便于统计各校实际开设的各种课程。在"文化课程和教材统计表"中，特别设置"希望开设哪些文化课程"栏目。因为各校文化教学的实践情况差异较大，设此栏目是想了解一线教师的意愿，掌握开发文化教材的具体种类和轻重缓急。

2　调研结果汇总与分析

我们用电子邮件、传真和当面呈递等形式分发调研统计表 500 余份，其中直接面呈受访者 200 余份，收回有效表格 175 份。以下按汉语课程、汉语教材、文化课程、文化教材汇总分析。

2.1　汉语课程与教材的汇总分析

2.1.1　汉语课程的汇总分析

统计数字（表3）表明，汉语拼音、会话、汉字、综合、听力、阅读、写作等课程普遍开设；中文电脑课程的开设，则反映了部分华校创造条件、与时俱进。另外，还有学校开设了 HSK 辅导课，但仅有 1 所，说明参加这项考试的华校学生还不太多。

表3　已开设的汉语课程统计表

课程类型	综合	会话	听力	汉字	汉语拼音	阅读	写作	中文电脑	其他
开课学校数目/所	78	89	75	87	100	77	41	21	HSK（1）

海外华文学校长期以来秉承传统语文教学的套路，只有一门语文课程、一本语文教材、一种语文教法。民族母语作为语言教学的理念和方法，在 1990 年前后才逐步引进，分课型的教学理念及实践尚未全面开展。在本次调查中，名为"综合课"和"阅读课"的课程实际上应该统一视作综合课，合计为 155 次。这一数字反映了泰国中小学汉语课程分课型的实际情况：所有华文学校都开设综合课；其他课程主要是附属于综合课程在一定阶段开设。而事实上，一些课型，如会话、汉语拼音等少数课程是在国内向华文学校大量提供专门教材后，才普遍独立开设的。因此，高频次开设的课程，一方面是因为符合华文学校的实际需要，另一方面也与得到教材供应紧密相关。

总之，海外华文学校的课程设置、每周课时分配，以及教师对语言教学性质的理解等，都是开发新一代教材的重要参数。

2.1.2　汉语教材的汇总分析

调研统计表收录的 55 种教材中，中国出版的教材有 33 种，总比例为 60%：其中北京语言大学出版社为 20 种，暨南大学出版社为 7 种。被 10 所以上学校使用的教材共 9 种（表 4），全部为中国出版。其它教材均为个别学校选用。从调研走访的情况看，对于中国教材的优势使用率，不可盲目乐观，特别是教材建设的规划者和研发者，需要分析影响教材使用的多种原因。

表 4　被 10 所以上学校使用的教材

教材名称	编者	出版社	使用学校数目/所
1.《汉语》	北京华文学院	暨南大学出版社	50
2.《体验汉语》	陈作宏	高等教育出版社	31
3.《汉语教程》	杨寄洲	北京语言大学出版社	27
4.《快乐汉语》	李晓琪、罗青松、刘晓雨	人民教育出版社	23
5.《说话》	北京华文学院	暨南大学出版社	23
6.《中文》	暨南大学华文学院	暨南大学出版社	21
7.《幼儿汉语》	北京华文学院	暨南大学出版社	13
8.《汉语拼音》	北京华文学院	暨南大学出版社	12
9.《泰国人学汉语》	徐霄鹰、周小兵	北京大学出版社	11

例如，北京语言大学出版社的教材能够高频次进入高校和华文中小学，除了教材质量外，教师是决定性因素。其一，"因为自从中泰建交以来，前往北语进修学位、参加汉语培训的泰国老师、学生为数最多。他们首先学习的就是北语的教材，一旦回来泰国从事汉语教学工作，首先考虑的当然就是北语的教材"；其二，"教师的双语能力和教学理念，也直接影响教材的销路。如《汉语教程》和《汉语会话 301 句》都另有泰文注释版，但销售量同非泰文注释版相若。这说明，来自中国的汉语老师，因不识泰文，多采用中文原版；一些主张直接教学法的老师也会采用中文原版"（本次调研访谈）。

再如暨南大学出版社的教材能以较高频次进入华校课堂，除了针对华校"量身定做"外，还有一个重要原因，即从 20 世纪 80 年代开始，非商业发行方式形成了传统优势。如《汉语》和《中文》系列教材，基本上是非商业运作的发送。

值得关注的是：在调研收录的 55 种教材中，泰国本土出版的教材有 10 种，除 6 种为华校自编自用外，4 种为商业发行教材，其中 1 种为泰国教育部的推荐教材。马来西亚和新加坡也各有 1 种教材被选用。这表明，各国的本土性教材已然兴起，中国教材的优势大有隐忧。

总之，研发新一代泰国汉语教材，需要了解多方面的信息和动态。本报告提请关注的是，要重视和支持本土性教材的开发研究。

2.1.3　教材建议的汇总分析

本次调研统计收到 200 余条意见和建议，从这些意见可以看出，华文教师主要关注现用教材的内容、形式和教法等。许多意见可谓老生常谈，但我们认为，正是这些反复提及的意见和建议，反映了教材研发者需要掌握的共性问题。本文将在第三部分"关于提请关注的重点问题"中详述。

2.2 文化课程和教材的汇总分析

2.2.1 文化课程的汇总分析

表5和表6的统计显示，具备条件的华校开设了较为丰富的文化课程，尚有更多的学校希望开设相关课程。调研访谈的情况证明，开设文化课程的主要困难是急需专门教材和教师。本报告提请关注的是，文化课程亦即文化教材的潜在需求巨大。

表5 已经开设的文化课程

课程类型	书法	绘画	手工	音乐	武术	舞蹈	演讲活动	文艺表演活动
出现次数	34	25	30	45	17	35	38	24

表6 希望开设的文化课程

课程类型	书法	绘画	手工	音乐	武术	舞蹈	演讲活动	文艺表演活动	其他
出现次数	58	59	56	55	56	51	46	29	体育、电脑、象棋

3.2.2 文化教材的汇总分析

调研结果显示：文化教材奇缺，各校均处于找米下锅、等米下锅的状态，特别是直接面向学生的教材，总体看来基本空白、亟待开发。较有影响的是"三常"教材：《中国文化常识》、《中国历史常识》和《中国地理常识》（表7）。

表7 文化教材的汇总分析

教材名称	编者	出版社	出现次数
《中国文化常识》《中国历史常识》《中国地理常识》	中国海外交流协会	高等教育出版社	5
泰语版自编文化教材			1
《汉语乐园》	刘富华、李冬梅等	北京语言大学出版社	1
《中国文化》	韩鉴赏	北京语言大学出版社	1

2.2.3 教材建议汇总分析

通过调研统计表"建材建议"得到的12条书面意见，基本上包括了调研访谈的主要内容：一是文化教材奇缺，需要建设系列化的文化教材；二是文化教材需要更多的表现形式和载体。文化教材绝非仅是纸质的文字"课本"而已，它需要凭借多种物化形式和载体去呈现。

3 关于提请关注的重点问题

基于调研情况的分类统计和意见分析，本报告认为，普遍反映的诸多共性问题，也是深层次的基本问题，值得引起重视并做深入探讨。

3.1 关于语言教材的讨论

3.1.1 基于语言比较的内容构建

从统计数字看，有8条意见提及汉语教材的中泰文互注和对译问题（包括需要中泰文的文化教材），属于比较集中的共性问题。从访问信息看，绝大多数教师的意见是，语言和文化教材都应该有中泰文的互注和对译，学生的要求更是如此。我们认为，互注对译不是表象的形式体例问题，而是教学内容和教学理念问题，值得深入探讨。

目的语和学习者习常语言的互注与对译，是语言教材的常规或常识问题，也可以说是语言教材的本质属性和特色标记。至于在哪些方面需要注译，如课本中的词语和课文注释、教师手册和练习册中的语言点解析与练习等，则是下位的具体问题。因此，采用什么形式、把握何等量度、如何精细化处理，属于必要的内容构建。

本文认为，是否正视和化解这个问题，可以作为衡量汉语教材的本土性基准或显性标准。重要的是，"泰化"的汉语教材需要呈现针对泰语的教学特点，泰化是基于汉泰比较、化解教学难点的内容构建，不等于简单附加泰语译注。如此观之，在本土性问题上，大多数教材都尚有改进空间。

3.1.2 语言内容至关重要

语言教学的目的，是帮助学习者构建目的语的心理机制、养成目的语习惯。因此，在语言的形式方面，语言教材需要基于语言比较，构建目的语的规则系统；在语言的内容——言语话题方面，需要基于生活需求，构建目的语的话语系统。对于中小学及幼儿园的华裔学生而言，语言内容的生活化、兴趣化尤为重要。例如，一年四季是中国气候常识，雨季和旱季是泰国气候常识，此类问题比比皆是，一概"唯中"的处理值得反思。仅从语言教学与习得的常识而言，在缺乏目的语的语境氛围中，如若又缺乏本土性的话题内容，儿童、少年难有兴趣，成年学习者也会无从构建目的语的心理机制、养成目的语习惯。要而言之，语言内容脱离学习者的现实生活，是不可能养成目的语的应用习惯的。

本文认为，语言内容问题，即汉语教材内容的本土性问题是目前汉语语言教材的共同瓶颈问题：是以中国的话题内容为主，还是以华人社会及其所在国家的话题内容为主？如此设问意在强调：语言内容的本土性意义，即语言与生活的关系，对华文教育（及国际汉语教学）的教学理念乃至宏观规划问题具有深远影响，需要作为重大课题在更高层面讨论。语言的国际化标志是在本土之外广泛传播，为其他国家和民族广泛采用（彭俊，2012）。汉语的国际化，也当是讲述各国故事、表达大千世界。

3.1.3 本土化与本土性问题

从调研统计情况看，有两点值得关注：一是泰国的汉语教材主要来自中国，教材的"高质量"、"权威性"和"本土化"尚未获得广泛认同；二是在中国教材"水土不服"的情况下，泰国的"本土性"汉语教材已现端倪，自编教材可能越来越多。本土性教材的生机活力源自教学一线的直接呼吁："具有第二语言特点的民族母语文化内容，具有系统性反映泰国人文社会、民俗风情的内容。""根据泰国实际，增加一些有关泰国旅游、历史、生活风俗的中文介绍。"

将本土化与本土性作为并立概念讨论，并非辨析表述上的差别，在观点或立意上，前者意在通达后者。二者的"本土"站位不同，实践区别在于：本土化是指由外而内的注入式适应过程,本土性是指由内而外的自主性生长过程,主导思想和客观效果均不可等量齐观。因此,越俎代庖的本土化思维和作为,终难达至本土性的理想效果。

本文认为,研发泰国的本土性教材,以泰国自产而优质的汉语教材为基础,辅助其发展,不失为重要的可研性选择。长远之计还在于设置教材研发的培训课程,加强对研发人才队伍的专业培训。有关单位可以为泰国有意编写教材的教职员提供培训课程,并对所编教材进行评估,使其自编教材符合规范要求。

3.2 关于文化教材的讨论

本次调研统计的情况表明,华文教育领域的中小学及幼儿园,开设了多种文化活动课程,而相应的教材几近空白。如果教材跟得上,文化教学活动将能更全面地展开。一些教师建议每一种文化课编写一本教材,各学校可根据自己的教学情况在合适的年级增加该门课程。这个建议集中反映了文化教材的实际需求,值得文化教材研发者重视。

3.2.1 何为文化教材

概括提炼关于文化教材的12条具体意见和建议,实际上提出了一个问题:"何为文化教材?"综合调研的意见,文化教材并不等于单一的课本,它需要凭借多种物化形式和载体去呈现,需要一系列的衍生性教具。这些回答,不仅说明了文化教材作为文化教学媒介体的具体所指和要求,而且提示我们注意:华文教育中的文化教学,绝不仅仅是文化知识的传递,而是全面培养学生的民族文化认同情结和行为能力。也就是说,单一的知识读本式教材远远不能适应文化教学的需要,甚至不是文化教材的研发主体。这与中小学阶段文化教学的实践性课型和体验式教法也有密切联系。

3.2.2 文化教材的实践探索

精选教学内容、优化教学方法、丰富教学形式,是研发文化教材的基本任务。华文教育是传承民族母语文化的教育,语言和文化并重、学校教育和社会实践结合,是华文学校的办学特色。开发面向华文学校的文化教材,要充分重视华文教育的目的和华文学校的特色,把握文化活动和课程设置对教材的具体需求。进一步讲,中华文化博大精深,各级各类文化教材都要根据办学层次和教学对象,处理好"教什么"和"怎样教"两个问题。本文认为,目前华文学校的文化课程设置和参与华人社会的文化活动,已经提供了实践性的探索途径。

3.2.3 文化教材的必要内容

长期以来,华文教育的文化教学内容,主要是中国传统文化和现当代国情文化。一般而言,它们与华侨华人的现实生活有较大的时空距离,对年幼的华裔新生代而言更是遥远。华侨华人的社会文化,属于中华文化的域外衍生体系,是华侨华人继承发展和创造享有的族裔生活文化,是华裔后代习得、认同民族文化的现实生活基础。因此,华人社会文化,是民族文化教学的生活理据和情感基础,应该列为华文教育学科的首选内容和必要内容。

从学科理论讲,华文教育的文化教

学,对于传承民族文化、保持民族特质、培养族裔后代中华文化气质具有重要意义。简而言之,母语文化的传承教育,是异于一般国际汉语教学的本质区别,是华文教育学科得以构建的独立学科性质。因此,重视华侨华人的文化教学,开发不同层次的华侨华人系列教材和课程,既是充实本学科文化教学的必要内容,更是凸现本学科的文化教学特色。从学科教学讲,文化教学的生活化,是文化习得与文化认同的有效途径。让华裔新生代基于族裔文化的生活体验,逐步认知华人社会的生存环境和发展使命,渐进追寻博大精深的中华文化,当是多层级文化教学的基本规程,也当是各层级华文院校的基本责任。面对必要内容的长期空白,需要更深刻的反思。

3.3 关于开发华文教材的基本认识

本文提请关注的若干重点问题,从宏观上归结为两点基本认识。开发新一代华文教材,一要凸现华人族裔的生活内容,彰显华人社会的文化精神和发展需求;二要依据华文教育的生态特征和人文资源,做好回避地域性忌讳的减法,也做好强化地域性特色的加法。

3.3.1 教学内容的重新构建

本文认为,华文教育的核心要义,是华人社会的永续生存和发展;应该依从华人社会的生存发展需求,重新构建华文教育的内容体系。固守一成不变的刻板内容,仅从形式、方法下功夫,终难满足教学的要求。遗憾的是,目前的教学内容有失偏颇,看不到华人社会文化是中华文化的国际形态,看不到华文/汉语的国际应用需求,拘泥于成规定式,直接导致文化重点的缺失,以及语言内容的一概"唯中"处理。如何走出误区、弥补盲区、重新构建内容体系——全面呈现中华文化的传承与发展,乃是各地域华文教育的重大现实问题。

3.3.2 本土性的教材建设

本文认为,华文教育与教学的生态特征,是国别化存在和本土性发展;应该秉持国别化和本土性的理念与做法,研发不同地域的母语文化教材。过往的经验证明,有无本土性的基本理念和操作方法,决定着中外专家合作的实际效果,以及对华人文化资源的切实取用。如研发华侨华人系列教材和课程,唯有依托各地域华人社会资源,尊重本土性的文化理解,才能避免雷区、充实盲区、满足需求。经由各地华人就地取材、现身说法,请华人解说华人,引华人认同华人文化,不失为务实办法。由此观之,面对华文教育的海量教材需求,综合开发中华文化的传统资源和发展资源,量在移山填海,质在点石成金,要在提供本土性的文化需求、促进多元文化共荣。

本调研收集统计的相关资料,可以从不同角度研究和利用。我们仅从研发新一代教材的需要,提请关注若干重点。鉴于相关问题的普遍性和紧要性,承望得到华教同仁的深切关注,共同促成理论和实践的突破与改观。

参考文献

［1］丁身展. 泰国华教［C］∥中国海外交流协会文教部. 第三届国际华文教育研讨会论文集. 北京：华语教学出版社，2001.

［2］彭俊. 汉语国际化与推广普通话［J］. 语言文字应用，2012（1）.

彭俊，北京华文学院

pjbeijing@sohu.com

（责任编辑　谢　爽　陈　楠）

20世纪90年代以来菲律宾华校华文教材使用情况考察

张世涛　何欢欢

摘　要：在菲律宾从事汉语教学和推广工作期间，本文作者深入数十家华校，对菲律宾华校华文教材做了大量调查研究，全面了解了华校百年华文教材的使用情况，取得大量第一手资料。本文根据这些资料，梳理和介绍20世纪90年代以来华校华文教材的使用情况，并对华校使用的华文教材以及使用原因做出分析。

关键词：菲律宾；华文教材；大陆；台湾

1　菲律宾华校华文教材基本概况

1.1　"菲化"前的华文教材

菲律宾正规的华文教育以1899年第一间华侨学校"大清中西学堂"的诞生为代表，迄今已逾百年。初期华文教育的教材主要是四书五经、尺牍和其他蒙学教材，与国内私塾学堂一样。民国后新式学校兴起，菲律宾华校的华文教材也与国内同步。1949年至"菲化"之前，华校用书多由台湾运来。

1973年"菲化"以前，菲律宾华校（以前称侨校）是设在菲律宾的中国学校，其教材、学制、教学内容几乎完全与中国大陆（1949年后与中国台湾）学校相同，只是应本地需要增加了一些英文课程。1973年4月，菲律宾总统马科斯颁布了176号法令，规定全菲侨校均须在1976年底实现全面"菲化"。1975年中菲建交之前，菲律宾各侨校均完成了"菲化"的转变，变为华校。

1.2　"菲化"至90年代的华文教材

"菲化"后的华校使用的教材须经菲律宾教育部部长审批，华语课每天不得超过120分钟，课本只能用本国编写的（这项规定实际并没有严格执行）。1975年菲律宾华侨学校联合总会匆忙出版了"菲化"后的第一批自编课本《幼稚园读本》、《幼稚园常识》、《小学华文课本》、《小学综合课本》、《中学综合课本》等，供华校使用。1976年菲律宾新疆书店也出版了《幼稚园华语课本》、《小学华语课本》、《中学华语课本》。这两套中文教科书解决了华校"菲化"初期的燃眉之急。

中菲建交后，大陆的教材并没有同步进入华校，直到中国改革开放前，华校基本上使用台湾版教材和菲律宾的本土自编教材。

1.3 90年代后的华文教材

90年代，菲律宾华文教育的颓势让整个华人社会伤心，华校学生华语水平太幅度下降，年轻一代华人对华文失去兴趣，不爱学，更不爱说。产生这种情况最主要的原因有两个：一是"菲化"使菲律宾华侨获得了菲律宾人身份，华文成为"外语"；二是华文这门"外语"在菲律宾社会是典型的"学非所用"课程，从国家层面说，华文课只是一门可有可无的选修课，升学就业乃至社会交往完全不需要华文。学习华文现实的需要和心理动机消失，再加上华文难学，使学生的学习兴趣和热情大幅下降。菲律宾华文教育界在分析原因时，华文教材也成为大家诟病的对象。

政府对华文教学听之任之，不做任何形式和实际上的监管、规划。"菲化"法案中对华校的教材、上课的规定几同虚设。华校教材、课程完全由各华校自己决定。华校受各自不同的政治倾向、教学传统、教学理念、经济状况、领导人好恶影响，教材使用五花八门、随心所欲。菲律宾自编教材、大陆教材、台湾教材、其他国家和地区出版的华文教材自由交错、混合使用是目前菲律宾华校华文教材使用的基本情况。

2 菲律宾本土教师自编教材

《菲律宾华语课本》是目前菲律宾华校使用最广泛的华文教材，超过半数的华校或多或少地使用过这套教材，90年代后当地教师编写的其他教材很少，使用也极其有限。

1991年5月，"菲律宾华教中心"成立。同年11月，华教中心邀请中国对外汉语教学学会会长吕必松教授到侨中学院演讲。他将菲律宾华语教学定性为第二语言教学。讲座产生了很大的影响，而实现这一转变的当务之急就是编写一套反映第二语言特点的教材，于是《菲律宾华语课本》应运而生。该教材由侨中学院董事长庄长泰资助，侨中学院院长、华教中心主席颜长城校长策划，菲律宾华教中心沈文、北京语言大学教授杨石泉主编，编者中有菲律宾华教中心的黄端铭、庄明璇、杨美美和张国辉，并得到了中国华侨大学和北京语言大学等有关院校的帮助和支持，是一套国内二语教学专家和菲律宾华语教学人士共同编写的教材。

《菲律宾华语课本》正式出版以前，侨中学院从1994年开始试用这套教材，并进行修改，2000年正式出版发行了第一版，包括幼儿园教材6册、中小学教材20册。除课本外，还配有录音带、电脑光盘以及相应的综合练习本、写字本、教师手册、教案集。

20册一套的设计适应了菲律宾10年中小学教育的学制，每学期使用1册。该教材1～12册为综合课，课文以会话为主。13～20 册分设华语、阅读、写作、听力四门课。"华语"为主课，课文采用短文形式；"阅读"内容以文化知识为主，扩大词汇量，提高阅读能力；"写作"通过有计划的作文基础训练，培养学生书面表达能力；"听力"以听为主，通过影像等言语材料，培养学生听课和日常生活交际的语言能力。学完 20 册，可掌握常用词 5000 个左右，语法点 326 个，达到中等华语水平。

考虑到华校的实际情况，教材初期以汉语拼音为主，以注音符号为辅，生词注音同时出现汉语拼音和注音符号，采用繁体字，后推出简体字和汉语拼音版本。

教材融入了大量中菲文化内容，前 12 册侧重交际文化，13 册起交际文化与知识文化并重。教材中有关中国的内容，主要是中国传统文化习俗、成语故事、历史故事，如春节、元宵节介绍，塞翁失马、孟姜女哭长城等故事，当代中国的介绍极少。我们对学生进行过调查，学生认可教材的中国内容，但对中国传统文化习俗不感兴趣。

3 大陆编写出版的教材

目前有多种大陆编写和出版的教材在菲律宾华校使用，这些教材可以粗略分为三类：

3.1 中国国务院侨办免费赠送的汉语教材

中国国务院侨办一直有向海外华校免费赠送汉语教材的传统。2000 年，国务院侨办委托菲律宾菲华商联总会向华校免费赠送暨南大学出版社出版的《汉语》、《中文》等华语系列教材。这两套采用汉语拼音、简化汉字编写的教材，体现了民族母语作为第二语言教学的特点，既有语言技能的训练，也有较多中华文化的介绍。

《中文》是 1996 年由国务院侨办委托暨南大学华文学院为海外华侨、华人子弟学习中文而编写的。全套教材共 48 册，其中《中文》主课本 12 册，练习册 24 册（分为 A、B 册），教师教学参考书 12 册。2006 年，启动了《中文》的修订工作，目前《中文》修订版已基本出齐。

《汉语》系列教材是中国海外交流协会委托北京华文学院为海外华侨华人学生学习汉语而编写的，供海外全日制华文学校小学一至六年级使用。该教材 1998 年 10 月发行第一版。2006 年，北京华文学院历时两年，对第一版进行了全面修订，融入了新的教学理念，在练习形式上做了很多改善，以期提高学生的学习兴趣，将语言教学的重点和难点置于生动活泼的形式和相关文化背景之中，帮助学生更加顺利地达到学习目标。

菲律宾一些华文教师们反映《汉语》和《中文》的优点是内容安排合理，语法点突出，课与课之间能相辅相成。配套的练习册包含听说读写等联系内容，能够起到巩固作用。不足方面是：课文的内容略显陈旧，不贴近现实；课文的选取虽然能够体现中国文化，但内容略显深奥；每本教材之间难度跨度大。教师们对《汉语》的改进意见是在每课生词后附上英文解释和简单的讲解，语法点附上简单的英文解释和例句。还有教师反映这两套教材知识内容的重现率不高，适用性不好，不能反映菲律宾本土文化，如课本中的"换钱"、"坐地铁"

等内容在菲律宾社会用不到。①

3.2 华校自己购买的汉语教材

一些华校购买大陆版的对外汉语教材，如《汉语口语速成》（马箭飞等，北京语言大学出版社，2005～2007 年）、《汉语会话 301 句》（康玉华、来思平，北京语言大学出版社，2005 年）、《初级汉语阅读教程》（张世涛，北京大学出版社，2002 年）、《快乐汉语》（李晓琪，人民教育出版社，2010 年）、《汉语风》中文分级系列读物（刘月华、储诚志，北京大学出版社，2007～2010 年）以及北京语言大学出版社出版的"对外汉语本科系列教材"等。菲律宾使用的对外汉语教材多以初、中级为主，高级的较少。这些教材大多以成年学习者为学习对象，并不适合中小学生，且与菲律宾中小学学制完全不配套，不能支撑菲律宾小学 6 年、中学 4 年的长期学习（2012 年菲律宾政府计划在今后实行 12 学年的学制），所以只能配合其他华语教材零星使用。

3.3 中国大陆中小学语文教材

直接将大陆的中小学语文教材运用到华语教学的华校不多。据调查仅有侨中学院的实验班。他们为了培养出更精的华语人才，成立了实验班，把华语水平较高的学生集中到一起，聘请中国的语文教师授课。他们认为这不仅是知识的传授，还包括对学生对学习过程的理解、学习方法的掌握，以及态度、情感和价值观的培养熏陶。使用的教材是大陆人教版四年制中学教材，但大陆教材中有很多政治内容的课文，如红军、共产党等，处理起来会有一些困难。

4 台湾编写出版的教材

由于历史原因，菲律宾华校与台湾有着天然的联系。"菲化"以前，所有华校均向台湾"侨务委员会"备案，受台湾驻菲机构指导。大量台湾教师到菲律宾指导和传授华语教学，菲律宾教师也被送到台湾培训，因此相当多华校一直沿用台湾教学模式，使用台湾编写出版的汉语教材。20 世纪 90 年代后，随着中国大陆教材影响的扩大，台湾教材才逐渐缩小了使用范围。但菲律宾一些规模较大的著名华校依然主要使用台湾教材，如灵慧学院、中正学院、圣公会中学、崇德中学等。台湾教材也有不同的类型。

4.1 台湾为海外华校编写的华文教材

4.1.1 《菲律宾华校华语课本》

90 年代初，台湾"侨务委员会"认为现行的菲律宾华文教材已沿用多年，需要一套更适用的教材。台湾方面的专家赴菲律宾访问华校的校长和华语教师，历经 7 年时间的调研、编写，1999 年由台湾侨务部门编辑出版了针对菲律宾地区小学的华语教材——《菲律宾华校华语课本》（小学），并赠送华校；不久又出版了《中学华语课本》赠送菲律宾华校。

台湾版教材采用繁体字编写，竖排

---

① 亚典耀大学孔子学院 2011 年问卷，关于《汉语》和《中文》的评价。

排版，注音符号注音，内容较多保留了中国传统文化的元素。这套教材内容较先前使用的教材更贴近菲律宾实际生活情况，在菲律宾华文学校联合会的推广下，在华校的使用范围较广。

4.1.2 《初中华文》和《高中华文》

《初中华文》和《高中华文》由台湾"侨务委员会"编写出版，供海外中小学使用。

《初中华文》全书 6 册，每册 14 课，于 1996 年发行，采用繁体字和注音符号。教学目标"为加强传扬中华文化，……培养学生阅读古文的能力，以强化对中华文化思想的认知"，"配合侨校中学一至三年级学生使用"（《初中华文》序言、编辑大意）。

《高中华文》体例结构编写理念与《初中华文》基本一致，全书 6 册，1998 年发行。主要教学目标是"加强学生的中文阅读与写作能力"，"增进学生学习中文的兴趣，加强阅读与写作能力，增进生活经验，培养伦理观念，认识中华文化"，"配合侨校高中一至三年级学生使用"（《高中华文》序言、编辑大意）。

两套教材与修订版小学《华语》课本（共 12 册）连贯衔接，每册均附录"重要词汇中英对照表"，采用国语注音符号第一式、国语注音符号第二式及（大陆）汉语拼音分别注音，有英文注释。

这两套教材在课文内容上，注重中华历史文化的传输；编写方针上，侧重华语作为第一语言的思路。这些在无形之中便增加了课文的难度。

4.1.3 《生活华语》

这套教材由台湾生活华语教材委员会策划，"教育部"与"侨务委员会"辅导，台湾语言文化社出版，2005 年发行。教材共 12 册，可 1 年使用 1 册或半年使用 1 册，也可混合使用。采用注音和拼音、简体字和繁体字相结合的形式。

教材以第二语言教学法为原则编写，专供对外华语教学使用。每课均有看图说故事与音乐 CD 形式的课文念唱，采用"以听说为导向的混合教学法"，由"唱听说"导出"读写作"。

多媒体方面，教材也有很多尝试，如采用 E-Pen（电子笔）技术软件，把"用电脑笔写汉字"与"手写汉字"分开，大幅降低手写汉字量，用电脑笔大量认读汉字，号称全球第一本结合 E-Pen 与基本汉字理念编写的教材。

这套教材编写得不错，装帧也精美，是新世纪台湾"侨务委员会"着力推介的教材。这套教材免费赠送给华校，近年来不少华校开始使用。

4.1.4 《实用视听华语》

《实用视听华语》由台湾师范大学国语教学中心主编，正中书局出版 1994 年出版。教材针对非母语的华语学习者，特色之一是有各种形式的手写体汉字，可以提高学生识别手写汉字的能力。同时注重中华文化的介绍。该套教材包括中英文注释，拼音、注音、英语、繁体字为主体，教材后附有简繁汉字对照表。教材共分三册，同时附有配套多媒体，但在实际使用时，由于一些学校硬件设施的限制,并未得到全面应用。

4.2 台湾的国文教材

少数菲律宾华校直接采用台湾国民教育系列的教材,如马尼拉崇德中学采用康轩版《国语》、《国文》。这套教材由康轩文教事业股份有限公司2003年出版,对象是台湾地区以汉语为母语的中小学生。因强调中国文化的传承,课文中古代文学作品的比重很大,如《国文(国中1上)》,14篇课文中有6篇是古代文学作品。

严格说来,这套教材并不适合菲律宾华校。课文内容、教学形式、内容难度、学习时间、教学目标等,都与菲律宾华校的学生特点和教学目标相左,但他们依然坚持使用,且坚持用华语教授中国地理、中国历史,历史教材是台湾作家柏杨的《中国人史纲》。该校堪称菲律宾华语教学中的奇葩。

5 其他类教材

菲律宾华校使用的华文教材并不固定,大陆教材、台湾教材、菲律宾教材在一个学校、一个班级混合使用是非常平常的。如侨中主要使用《菲律宾华语课本》,同时也使用其他大陆出版的对外汉语教材等。

还有一些华校将读物及其他非教材类书籍作为教材使用,如马尼拉爱国中学使用国务院侨办编辑的读物《中国历史常识》,甚至一些华校用《弟子规》、《西游记》、《水浒传》、《三国演义》进行华语教学等。

6 新时期菲律宾华校华语教材使用特点分析

6.1 大陆和台湾因素

大陆教材和台湾教材在菲律宾基本是平分秋色。使用大陆或台湾教材与该学校的政治倾向、教学理念并不直接相关。一些学校,特别是经济条件不好的华校,更愿意使用数量足够的免费教材。

每年国务院侨办等机构都会向菲律宾华校赠送大量图书资料,包括华语教材,如《汉语》、《中文》等,也包括《中国历史常识》等读物。侨办网站也提供《汉语》、《中文》、《幼儿汉语》的整本书的下载,这极大地方便了使用者,因此使用的华校不少。

台湾"侨务委员会"每年也向菲律宾华校免费赠送图书资料,而且几乎是"要多少就送多少"。与国务院侨办赠书相比,台湾"侨务委员会"赠书数量和质量都略高一筹,这也是台湾教材使用面广的原因之一。

6.2 繁简体字和注音拼音因素

菲华社会繁体字的使用范围比简体字广泛,报纸刊物都以繁体字为主。进入新世纪,简体字逐渐在菲律宾推广。虽然仍然有人对简体字的使用有抵触和反对情绪,但总的来说,菲律宾华校普遍接受了简体字,使用简体字的华校越来越多。注音符号和汉语拼音的情况也一样,如今大多数华校使用汉语拼音;部分学校依然使用注音符号;还有一部分学校,如中正学院,2009年开始就在小学一年级开设了拼音和简体字班，让学生同时学习注音符号和汉语拼音，同时学习繁体字和简体字。识繁写简为越来越多华校接受。

6.3 一语二语因素

"菲化"前，菲律宾华校的华文教学一直采用母语语文教学模式。"菲化"后，马尼拉新疆书局出版《菲律宾小学华语课本》、《菲律宾中学华文课本》，首次指出采用二语教学方式。但在实际教学中，一语教学的实质并未发生改变。1991年吕必松教授赴菲讲学，才正式开始了华语二语教学的进程，而这些又以1997年华教中心出版《菲律宾华语课本》为标志。90年代以来相关争论基本平息。

目前不同华校遵循不同的教学原则，甚至同一所华校的教师对一语教学、二语教学的概念以及对教材的不同理念都不敏感，因此常常随意更换教材，混用不同理念的教材。

6.4 教材内容的演变的争议

纵观菲律宾华语教材，在编排方面主要有以下几个方面的变化：一是课文和词汇难度降低；二是课文内容由纯中国知识，转变为加入菲律宾的相关知识，即本土化内容所占比例不断加大；三是台湾地区教材政治立场内容逐渐减弱；四是课文内容由侧重文学修养培养转变为注重对话交际。

然而并不是所有的华校都甘于接受这样的变化。例如，对于教学内容，有些华校以对话交际为出发点，认为华语学习应以掌握日常的对话为主；有些华校认为难度降得过低，对话太过简单的教材并不适用。

6.5 教材媒介语的使用

早期华校的华语教材都不使用媒介语。20世纪，台湾编写的教材开始使用英语作为主要媒介语言。现在，大部分华校教师认为教材需要有英文注解，以便于学生在课后自学。他们认为大陆教材的缺陷之一就是英语太少，汉字太多，影响了学生学习兴趣。而一些传统华校，如崇德中学、中正学院、灵慧学院、圣公会中学等，对媒介语并没有太大的要求。

参考文献

[1] 菲律宾华文教育研究中心. 菲律宾华文教育综合年鉴：1995—2004 [M]. 菲律宾：菲律宾华文教育研究中心，2008.

[2] 何欢欢. 菲律宾华语教材的演变和思考——以宿务地区为例 [D]. 广州：中山大学，2012.

[3] 黄端铭. 世界汉语热背景下的菲律宾汉语教学 [J]. 世界华文教育，2011（4）.

[4] 黄端铭. 菲律宾华校华语教学师资队伍状况分析 [M]. 马尼拉：第九届大马尼拉地区华校华语教学讲习班，2007.

[5] 林云，曾少聪. 族群认同：菲律宾华人认同的变迁 [J]. 当代亚太，2006（6）.

[6] 沈文，杨石全. 菲律宾华语课本 [M]. 马尼拉：菲律宾华文教育研究中心，2000.

[7] 王宏忠. 菲律宾华文教育的风雨历程［C］//第八届东南亚华文教学研讨会论文集. 马尼拉：2009.
[8] 肖淋瑛. 菲律宾华语课本课文研究［D］. 广州：中山大学，2009.
[9] 颜长城. 发展中的菲律宾华文教育［C］//第八届东南亚华文教学研讨会论文集. 马尼拉：2009.
[10] 张世涛. 菲律宾华文教育二十年来第二语言教学模式的反思［M］//汉语教学学刊：第8辑. 北京：北京大学出版社，2012.
[11] 张世涛. 菲律宾华文教育的变革与主流社会汉语推广的突破［M］//汉语文化与跨文化传播. 北京：北京大学出版社，2010.

张世涛，中山大学国际汉语学院
flszst@mail.sysu.edu.cn
何欢欢，中山大学国际汉语学院汉语国际教育硕士
echohoho@hotmail.com

（责任编辑　陈　楠）

利用真实语料进行口语教材编写和教学
——Working with Spoken Cheinese 作者陶虹印教授专访

苏丹洁

出版信息：

Tao, Hongyin. 2011. *Working with Spoken Chinese*. Center for Advanced Language Proficiency Education and Research (CALPER) Publications, Pennsylvania State University. StateCollege, PA.

教材配套网络资源：

http：//calper.la.psu.edu/publications/workingwithspokenchinese/index.php

采访前言

对书面语教学，学界已意识到利用真实语料的重要性。而对真实口语的利用，认识还远远不够。真实口语来自日常对话和影视等。为什么口语教学要利用真实语料？怎样将看似杂乱无章的自然口语背后的规律挖掘出来，编写成教学材料，使学习者能学到"活"的语言，最大程度提高语言交际能力？这些方面的探索实践，英语学界走在前面。陶红印教授编写的这本口语教材填补了汉语学界在这方面的空白。该教材提供了方法论的一种先行性探索，理论上是对传统语言哲学的反思，语料上首次全部采用自然发生的真实会话，内容上将国际前沿的话语语言学的研究成果转化到教学中。我们采访陶教授，探讨这一新的教学理念和方法。

嘉宾简介

陶红印博士，美国洛杉矶加州大学（UCLA）亚洲语言文化系和应用语言学系教授、中文部主任，美国中文教师协会会长，国际期刊 *Chinese Language and Discourse* 主编，*Studies in Chinese Language and Discourse* 丛书主编。主要研究方向为话语语言学。在 *Language* 和 *Journal of Pragmatics* 等国际期刊发表著述数十篇。主要著作有 *Units in Mandarin Conversation：Prosody, Discourse, and Grammar*，《当代社会语言学》（合著）及 *Chinese under Globalization：Emerging Trends in Language Use in China*（合编）。

陶红印教授访谈

理论基础：学习口语不能用想象的语言进行教学

☐ 陶教授您好，感谢您接受我们的采访。该书是第一本全面采用真实会话语料的汉语教材。这一创新背后的理论思考是什么？

语言教学的终极目的是最大可能地达到母语者交际水平。如何达到，不同教学法有不同理念。传统办法就是通过想象的语言材料来教学。然而想达到母语者水平，必须让学习者知道母语者是如何使用语言的。最大可能地接触真实语料是最可能达到母语者交际水平的捷径。

语用交际能力最好通过真实语言来培养。真实语言并非针对学习者，而是母语者用来传达信息、进行人际互动的。语用交际能力包括对交际过程、语篇连接、信息结构和交际文化这些方面的敏感性，表达认识和情感立场的能力，在具有挑战性的情境中开发语言资源的能力。以表达立场为例，同一个格式"我觉得"，所处位置不同，在会话中的认识立场完全相反。位于表观点的谓语后，如"这个不大可能吧，我觉得"，是降低对观点的确定性；位于句首并重读，如"我觉得你们家房子很好了"，则强调对观点的确定性。该教材训练的能力有表达同意和不同意，进行赞美，听话人提问题、评价和提供类似例子支持说话人，等等。不把这些编进教材，学习者就没有机会通过课堂学到母语者说话的策略。

什么是汉语，教的对象是什么，归根到底是语言哲学的问题。一直以来，编教材考虑的语法点或常用句基本都是想象出来的。观察自然语言就会发现，想象的要么不存在，要么用在另一种语境。举个例子，真实口语中存现句往往不是完整的，而是片段的。如这本教材中的真实例子：（1）"全部都住满，旅馆。"（2）"每一间旅馆都住满。"（3）"在那儿的宾馆也住得很满。"从实际语料看，若需引出存现物作为新信息则用完整句，如（4）"旅馆住满了人"。这时下文往往会进一步说明存现物，如："今天晚上旅馆住满了人，都是来参加会议的。"强调存现处所往往用片段的，如："A：天津哪儿有二手自行车市场？B：北安桥。"强调存现方式则可能会用倒装，如（1）。各种格式各用在什么语境，不观察真实语言很难了解。话语分析理论注重的是语法的实际状况，也就是学习者应该学习的对象。

☐ 教材本身在不少研究问题上是对汉语话语语言学的推动。用真实对话怎么教词汇语法？

这本教材的词汇语法有的是传统教材不关注的，有的虽也关注，但用法不够丰富，或者并不是对话里常用的实际用法。例如，"结果"，会话里大多数情况下并不作为表"最后的状态"的名词，而是作为连词，连接前后出现的两个事件或阶段，推动语篇发展。如："我们就跑去另外一个城市。结果发现那个地方……"另外,叙述故事中"结果"和"呢"连用("结果呢")有助于制造悬念,如:"结果呢,就,嗯,所有的宾馆也是爆满。"

□ 使用虚拟语料的教材有何局限?

第一,虚拟语料基于语感,有时与实际脱节。语感可从某种程度判断符不符合语法,但有时也不能,因为换一个语境又合法了。第二,孤立句子,不能反映篇章话语中连贯语言的真实特征。第三,缺乏情感,不能表达个人立场。语言并不仅仅为了传递信息,也传递情感、态度等立场。传递信息最终还是要达到某种人际互动目的。饭馆碰见熟人用餐,问"吃饭哪?",从信息传达角度看就是一句废话,但它起到一种人际沟通的作用。第四,语体不明。口语和书面语不是媒介不同,而是部分不同的词汇语法系统。有些词汇为口语独有,如"没戏"。有些语法一般用于口语。如"啊"在"枪战片啊,文化片啊"中表列举。"那种窄的椅子……你可以在上面休息"中的"你"并不是指听话人,而是制造身临其境的效果,吸引听话人参与。"那年轻人她哪做衣服"中"她"虽单数,却指代意义上复数的年轻一代。一些实词在口语中成为虚词或语块,起语篇连接作用或人际互动功能。如"知道"在会话中常作为"你知道吗"出现。"你看"("你看我们有一个客户就是……")旨在引起听话人注意。选用什么语料会带来教学法、评估等相关问题。传统局限性也会体现在这些方面。

□ 对口语中所谓的错误,如重复、延长、省略,您怎么看?

错误有不同类型。完全不合语法的可以不选。但有些并不是真正的错误。例如,"他其实也住满了。"脱离语境看是不合语法的。但在语境里完全没问题,指的是"他的宾馆其实也住满了"。原文是:"有一次我们去威尼斯,然后,呃,全部都住满,旅馆。每一间旅馆都住满。……然后最后没办法,找到一家宾馆呢,它那个经理正在,已经好像是一两点钟的事情。我们也走不动了,就看着办吧。……后来他呢,倒还挺好的,就把我们带到他的餐厅,他其实也住满了。"

交际时错误不可避免。母语者也会说错,怎样不让错误影响交际也是一种技能。并不是说要教错误,而是要教出现错误怎么处理。例如,母语者常见的口误修复手段是重复。例如,"然后他就打给我爸,就给他爸爸了"中,"我爸"是口误,说话人因此重复"就",重新引出正确信息。还可以用"就是"纠正,如:"从这样的这些标签来看,你都可以推断出小孩子的心情,呃,就是性格。"同样,听到"错误"怎么办?母语者往往能根据语境推知意思。例如"工作今年特别不好找,……我才毕业一个月嘛,所以时间还不算特别。尽,尽管这个就业机会少,但是,总有那么些,公司在招人吧。"根据语境就知道"特别"说的是"特别长"。如果因为有"错"就不教,等于是剥夺了学习者的一个学习机会。

还有一些所谓的"错误"其实是有意要达到某种功能效果,那也是学习者需要知道的。例如,口语有很多倒装,如"一个沙漠地带,它。"脱离语境看显得不合语法,但在语境中却很适当。原文是:"对,那个是很高级,四星级的。

很数一数二的。一个沙漠地带，它。"这段话是在感叹拉斯维加斯中某旅馆之高级。为了制造"地处沙漠"和"高级"的强烈对比，说话人将"一个沙漠地带"前置，并去掉介词"在"，使原本内嵌于介词短语中的宾语"沙漠地带"跳出来，单独出现。若说成符合一般语法的"它在一个沙漠地带"，这种效果就出不来了。

□ 是否有学习者水平限制，零起点是否可以？

从方法论谈，真实语料可以运用在各个水平层次。因为各个年级，包括零起点，要学习的语言现象在现实生活中都能找到。例如打招呼，中国人也打招呼，完全可以把最真实的语言引进去。只要把学生的语言背景和能够接受的语料两者关系弄清楚，并在选用编写时做适当处理。这本教材是出自一个由美国教育部资助的研究项目。该项目所在的研究中心的目的是开发高级语言教材。因此这本教材是中高级水平的。其实我一直想出一本零起点的。这不是路子的问题，而是具体操作的问题。

□ 以往的中介语理论强调线性习得顺序，先学会语法点 A，再学会 B。用真实语料怎么处理？

研究清楚习得顺序的过程很有必要。关键是这个顺序是怎么来的，会不会是教学法人为的结果？假如 A 操练多一些，可能就会比 B 掌握得好。若教的真实语料里有些格式在现代汉语根本就不用，或者说只在极个别情况下用（如有些"把"字格式），此时再去追究先 A 后 B 就是无关的问题。当然学习要循序渐进。最佳顺序是什么，希望学界可以研究清楚，然后用这种自然语言，发现哪些现象应该先教。可以根据使用频率；或根据学习难度，如周小兵关于不同国别母语者习得难度的研究就可以提供这方面的参考；或根据学习目的，区分大、中、小学生、从商者等不同学习对象。

□ Nunan 提出的现代语言习得理论不再认为习得只能是从 A 到 B 的完全的线性序列，而是一个有机过程，如同一个万花园，各种不完美的事物都在生长之中。您怎么看？

不同语言点习得过程可能不同。对语言现象的假定，例如假定不同的"把"字结构从简单到复杂，有时是有问题的。一个很抽象的句法格式，背后其实对应无穷多的语言现实。一个句法格式经过具体组合后形成不同的子格式，它们的意义、性质和常见性会不一样。如果假定 XY 简单，XYZ 复杂，那也不一定。有的虽然很长（如"后来不知道为什么"），其实大家都把它当作语块来用的话，意义也很清楚。

□ 目前的口语篇章教学很大程度上还是个空白点。请您谈谈大家对真实语料的认识。

对真实语料的利用，并不是大家都反对或不愿意做。有些国内学者，如孟国，已意识到其重要性。不过一般多针对书面语，如讨论阅读课怎么选用真实语料。书面语教材很多，特别是高年级，多取材于报刊、文学作品，因为容易收集。口语由于收集处理较难，理解也较难，才造成你说的某种意义的空白。但也有人做过，像Cynthia Ning的《中文探索》、时钟雯的《多媒体交互中文教材》、Jianqi Wang的 Tell It Like It Is、孟国的《原声汉语》。它们为真实语料在汉语中的应用做了开创性贡献，值得赞赏。但这些教材中真实程度最高的会话分量不够；难度和话题控制加工不足；口语篇章分析也显不足，缺少语言的形式和功能分析。

编写实践：旨在提供方法论上的一种示例和演示

☐ 该教材如何选用、处理真实语料？

语料来自60个小时自然发生的母语者会话录音。情景有餐桌谈话、参观校园、娱乐活动、购物、评论电影等。话题的选择主要基于话语特征，其次是连贯性，选取的每个片段都是相对完整的一个话语单元。语料的选择最重要的就是多样性，覆盖不同场景。

处理环节很重要，因为很多材料不可能直接拿来就用。这本教材有一些我想做的处理还没有做到。例如，对原版真实录音进行逐句剪裁，这样学习者若听不懂某一句则可以反复听，也有便于做练习部分听辨语调、重音、延长的题目。除了原版录音之外，也可提供标准版发音、慢速版发音。只要不改变真实语料，进行其他的开发是完全可以的，而且是很有必要的。

对语言程度的控制，除了可以在筛选环节选取符合学习者水平的材料外，还可以通过后期注解和扩充来实现。注解针对的是真实语料中的难点和值得教的语言现象。这本教材的网上配套资源提供了对真实语料的逐句英文注解。注解内容主要有两种：一是词汇语法解释，如对"再上一层楼"的释义，对"就陪他说了一个晚上的话"中"V+时间段+O"的语法解释。二是话语语言学的解释，说明说话人是运用什么语言形式来达到什么样的语篇功能和人际功能。以语篇功能为例，"有一次我们去威尼斯……每一间旅馆都住满。在那边走了一大圈（也没有找到没住满的宾馆）。好，那我们就跑去（另外一个地方）……"中的"好"作为一个话语标记，其作用是标记前一个谈话内容单元的结束和新的谈话内容单元的开始。扩充针对的是真实语料中缺少的部分。例如《旅行奇遇》一课语料中没有"飞机"这个常用词。该教材于是另外列出"旅行"话题的常用词，并将"飞机"纳入其中。

处理环节可以借鉴传统虚拟语料的一些好的做法。在注解时，结合虚拟的例子有时可以帮助说明问题。例如，该教材对"就看着办吧"一句的注解是这样的："看着办"是一个惯用语。表面意思是听话人可以自己决定，但言下之意往往是暗示听话人其实没有太多选择。例如，一个人欠了债但又不想还，可能会说"我没钱，你看着办吧"。这里的"我没钱，你看着办吧"就是一个虚拟的例子。在练习部分，为了集中训练某个语言点，这本教材也给出了许多虚拟例子，如"今年公司的业绩很好，希望明年能再上一层楼"。

☐ 您能否谈谈内容编写的特色？

特色就是方法论的特色。它并不是出于一个系统的编写计划，而是一个研究项目。编写目的就是尝试用真实语料这种思路来做一种探索，提供方法论上的一种示例和演示。如何把看起来杂乱无序的真实对话，变成课堂里或者是学习者自己可以用的教学材料——所有内容设计都是体现这个思想。这本教材全部是建立在自然对话基础上的口语篇章教学。内容上注重口语实际的词汇和语法格式，从言谈话语的特征引出语言结构，提供话语语言学的解释。

教学运用：培养在实际语言环境中习得语言的能力

☐ 教学效果如何？

真实书面语的教学效果已在一些研究中得到证实，包括英语、汉语、西班牙语等。口语方面尚未看到和传统教材的系统比较。主要原因是缺乏此类教材。还有就是如何测试教学效果我们还不太清楚。传统思路就是孤立地检查知道多少词汇和语法。如何测试真正的语言交际能力，还值得进一步思考。

☐ 教师和学习者怎样利用这种新教材？

老师可作为主干或辅助教材使用。教材有讲解说明和练习，可以引导学习者如何去注意实际的语言规律。真实语料教学的思路就是要培养学习者在实际语言环境中去关注类似的语料和现象的能力。任何教材都不可能穷尽所有的语言功能，只能选最常见的、最重要的，培养学习者从这方面去关注的意识。

展望寄语：传统教材语料和真实语料是一种互补

☐ 使用真实语料当前的挑战是什么？

最大问题是投入的人很少。这本教材只是示范性的，各方面都很受限制。需要更多人来投入研究和收集语料。语料的话题、场景、语言层次、录音录像等问题都要考虑。还要考虑如何选取、处理语料，使之符合学生语言水平。长远要考虑课程大纲、测试、标准、语言程度、习得顺序、国别等问题。例如，以前统计的词表语体不明，用区分语体的真实语料统计将更可靠。

☐ 您能否指出今后发展的一些方向？

理论方面要加强研究。理解口语里的现象要有一个研究的背景。现在对利用真实口语的认识很不够。说要利用真实语料，都好像没问题，可是具体到了口语，就觉得跟习惯做法完全不同，不好掌握。这些顾虑有一定的现实性。但不能在没有认真研究之前就把真实语言都否定掉。真实语料也可以吸取传统的一些优势，如控制语言程度、附加标准版本等。知道了真实语言是什么样的，再为了教学做一些修改，这就跟编写者自己虚构一套汉语的语言的做法不一样，而是一种有基础有理据的人为加工。

但也不能说真实语料就解决了所有问题。我们提倡不同的思路。传统的教材语料有它的好处，语言较简单。它把所有因素都剔除掉，只剩下语言结构。但现实就是这些虚构的太多，而真实的太少。要增加真实的分量。传统缺乏的是我们这方面，要加以弥补。大家现在的做法就是，虚构出来的这个就是汉语；而没有意识到其他更丰富的内容。但我们现在也不能说有了真实语言，就替代了一切，两者应该是一种互补。

大家评

谢天蔚（美国长滩加州州立大学亚洲与亚美研究系中国研究教授、系主任）：

这是一本与众不同的高级中文口语教材。所有学习材料来自真实语境，没有人工斧凿的感觉。网上提供的课文录音真实。与电脑语料库连接，词汇解释出现在各种语境中，不再是脱离情景的注释。目前还少有这种以话语研究为基础编写的教材，很值得教高端汉语的老师一试。

吴伟平（香港中文大学雅礼中国语文研习所所长）：

语言学习从课堂到课堂，从结构到结构，学生上课时看着课本"假说话"，为练习而"说假话"，离开课堂后一开口给人的印象是"说话假"。这种现象的根本原因之一是口语教材中的语料不真实。这本书在口语教材编写方面开了一个好头，让我们知道在教学中如何善用源于生活的"真口语"。假如我们在华语二语学习的全过程（水平评核、大纲设计、教材编写和教师培训）都能注重真实语料和语境因素，学生就更有可能做到真说话、说真话、说话得体。

张丽华（伯克利加州大学中文部主任，使用该教材的教师）：

这是汉语教学界首册采用自然口语会话语料并采纳语料库学习词语实际运用的教材。指导学习者了解真实话语中的篇章语法特征和交际策略，并引导学习者去发现、分析真实的语料中语音、词语及语法的运用。以听说领先的多种活动、练习设计使真实口语语料具有可教性和可学性。不仅是提升学习者高级口语能力的创新，而且为推进汉语口语篇章教学提供了范例。

Rachel Ahn（伯克利加州大学汉语学习者，该教材使用者）：

This book is a great contribution to the classroom. As a student of the Chinese language, conversational Chinese skills were always something difficult to acquire in the classroom. So although I understood a majority of what was going on in class, when speaking to native Chinese students, I found that they talked too fast or they used dialogue that I had not learnt before. Even if I understood, I struggled to come up with a response. Although I found this book quite difficult, the speakers in the conversations talked very fast and it took time for me to adjust to the style of the book, I feel this book would make a great contribution to the classroom in terms of helping the student improve their Chinese language skills, especially conversational. It definitely requires more effort but in the long term, I feel it will be very helpful for students who wish to be able to hold a conversation with Chinese native speakers.

Christopher Gregory（伯克利加州大学汉语学习者，该教材使用者）：

This book helps students to move beyond textbook Mandarin by giving them the valuable opportunity to listen to and come to understand authentic conversations with the aid of extensive supplemental materials that provide in-depth analysis of native speech patterns. It is an ideal resource for language learners making the transition from intermediate to advanced study, and it is especially suited to teachers and learners seeking a linguistically rigorous approach.

苏丹洁，美国洛杉矶加州大学亚洲语言文化系

danjie. su@ ucla. edu

（责任编辑　洪　炜）

系统功能语言学与汉语国际教育
——记系统功能语言学创始人韩礼德教授一行访问中山大学*

陈瑜敏　严小庆　高雪松

2013年7月15日至19日，第40届国际系统功能语言学大会（The 40th International Systemic Functional Congress, ISFC 40）在广州中山大学外国语学院举行，会前举行了为期一周的讲习班（pre-congress institute，2013年7月8—13日），系统功能语言学创始人、英国语言学家韩礼德（M. A. K. Halliday）教授作为大会特邀嘉宾为讲习班授课，并做了有关汉语研究的大会主题发言。会议期间，韩礼德教授和哈桑（Ruqaiya Hasan）教授伉俪、香港理工大学英文系主任麦蒂森（Christian M. I. M. Matthiessen）教授参观了中山大学国际汉语教材研发与培训基地，并与中山大学国际汉语学院优秀大学生夏令营的同学进行座谈。下面以韩礼德教授的学术活动为主线，试述运用系统功能语言学进行汉语研究的学界动态。

1　ISFC 40 概况和韩礼德教授的主题发言

国际系统功能语言学会自20世纪70年代中期成立以来，每年召开一次国际大会，在欧洲、美洲、澳洲和亚洲轮流举办。本次大会是继1995年北京大学第22届国际系统功能语言学大会、2009年清华大学第36届国际系统功能语言学大会之后，该年度会议第三次在中国召开。

ISFC 40 由中山大学承办，北京科技大学、香港城市大学、香港理工大学协办。本次大会的主题为"拓宽研究路径：语言和语言学中的并协互补（Broadening the Path: Complementarities in Language and Linguistics）"。来自22个国家和地区的逾300名正式代

---

*　本文写作过程得到中山大学国际汉语教材研发与培训基地主任周小兵教授的大力支持和《国际汉语》编辑部主任洪炜博士的热情协助，谨致谢忱！

表参加了本次大会,宣读论文192篇。本次大会共有13位国内外知名学者做大会发言,包括系统功能语言学创立者韩礼德教授、澳大利亚麦考利大学哈桑教授、香港理工大学麦蒂森教授、北京大学胡壮麟教授等国内外著名语言学专家。

会议主题寄予系统功能语言学框架内的研究进一步加强各领域的并协互补,促进各领域在更统一的语言模型中共同发展。大会议题既关注系统功能语言学在理论上的发展,也关注系统功能语言学在各个领域、语境中的适用性研究。

本次会议的显著特点之一是运用系统功能语言学进行汉语研究、翻译研究和英汉对比的论文数量有所增长。国际系统功能语言学会执行委员会现任主席黄国文教授在谈到今后中国的系统功能语言学研究的发展方向时,多次指出追求原创性和本土化是取得新的突破和发展的重要方面(黄国文,2009,2010)。研究要有原创性和本土化,具体来说有三种途径:"首先可以把研究对象聚焦在汉语,而不是英语,用系统功能语言学理论对汉语语言的特点进行系统、全面的描述和阐释,以此建立起一个完整和系统的综合分析框架。其次,可以从类型学角度进行英汉对比研究,最终从类型学角度对我们的母语——汉语进行系统功能语言学的解释。第三,可以把理论运用于翻译研究中。"(黄国文,2010:87-88)

韩礼德教授本人多年来积极鼓励系统功能语言学理论指导下的汉语研究,他本人也身体力行进行这方面的研究,希望有更多研究运用系统功能语言学理论来分析汉语语篇(Halliday,2010)。本次会议的开幕式上,韩礼德教授做了题为"语言的独特性:现代汉语普通话语言特征研究"的主题发言。他指出汉语是一种相对纯粹的语言,较少混杂外来语。普通话作为现代标准汉语,是一种典型的东亚语言,既表现出东亚语言的共同特征,自身也有很强的内在规律性。韩礼德教授提出将普通话的各种特征视为语言元功能系统网络中有关联的各个要素。他从音节、语素、词汇、语法类别范畴、外来语、小句等方面探讨了普通话的语言特征,并将其中一些特征与其他汉语方言(如粤语)、其他东亚语言(如日语、越南语)以及英语进行了比较,阐述了普通话的17条特征,概括如下:单音节语言,音节和语素之间存在对应规律:一个音节实现一个语素;有区别性特征的音节数量有限;语素之间界限明晰,词汇之间界限模糊;语素不属于任何句法类别范畴,词汇(包括由单语素构成的词汇)严格地属于某一句法类别范畴;词汇的词性与构成语素的数量有关;名词性合成词的构成一般遵循严格的分类法;音节结构是韵律的、非音位的;13个韵律系统网络可对音节进行穷尽描写;音节不能拆分成音位,外来词对应的是普通话的音节而非音位;普通话中的外来词多借用内容层而非表达层;这种对待外来语的方式与已提到的"音节是最小的词汇语法单位"、"合成词的各构成要素之间有语义联系"的原则相符;语素的完整性;词汇有严格的句法类别范畴;时空顺序遵循从大到小的精密度;名词词组中修饰语顺序依据指示强度递减、持续时间递增的原则;小句构成成分的排列顺序体现主位原则;动词与名词的系统区别(systemic distinction)源于过程与实体的系统区别,动词的子范畴(词汇动词、情态助动词、后置动词、前置动词)与名词的子范畴

（词汇名词、限定词、数量词、后置名词）不同源于过程与实体的符号范围不同，包含前置动词和后置名词的次要过程涉及两个空间成分：过程与事物的关系（如"朝、在、到"）多用动词表达，事物的相关部位（如"上面、内部、侧面、前方"）多用名词表达等。韩礼德教授进一步在语言系统中阐释了各个特征之间的关系：这些特征既是语言形式的内容层（词汇语法）和表达层（音系层）的特征，也是语言物质的内容层（语义学）和表达层（语音学）的特征。尽管某些特征不是普通话所独有，但对其特征研究越详细，就越能接近它的独特性。

翻译研究也是本次会议的一大议题。中山大学黄国文教授的发言"辜鸿铭对《论语》的重写：辜译《论语》的系统功能语言学分析"探讨了中国古代典籍的英译。作为儒家经典著作之一，《论语》采用语录体和对话体记录了孔子及其弟子的言行，它区别于其他文学作品的文体特征之一是其互不连贯的记录形式。黄国文教授从语篇功能的角度对《论语》原文和理雅各（James Legge）英译本、辜鸿铭英译本之间，以及两个英译本之间进行了比较并考察其语法衔接手段和词汇衔接手段。该研究表明，辜鸿铭译本采用意译法，通过在译文中增加环境成分将零散的章节串联成有序的文本；辜译本中对后文的解读往往取决于对前文的理解，在此过程中衔接手段发挥了重要作用；辜译本的翻译策略和风格与其翻译目的密切相关；翻译的要旨之一在于意义的翻译，在中国古代典籍英译过程中译者的角色更像是原文的解读者和重写者。

运用系统功能语言学进行汉语句法的研究也是近年的研究新热点之一。本次大会另一关于汉语研究的主题发言为北京科技大学教授何伟的"加的夫语法框架下的现代汉语兼语式研究"。关于汉语兼语式的现有研究从传统语法、结构主义、构建语法、形态学、转换生成语法、功能语法等视角研究了兼语式现象及其结构问题，但未能系统地将语义功能和句法成分对应。对于常见的五种兼语式（因果型、使令型、"有"字式、认定型、混合型），汉语研究学界对其小句属性（简单句或复合句）尚未达成共识。系统功能语言学加的夫语法框架下的语言描写原则为意义由形式实现，形式实现意义，意义是首要的，句法分析以语义分析为前提。何伟运用加的夫语法分析兼语式结构，系统阐述了语义和句法对应，探讨了兼语式的归属问题以及兼语在语法结构中是否同时承担两个语义成分。她对句法结构进行了功能句法分析和讨论，将语义功能和句法要素对应，通过及物性分析、相似结构比较（如主谓结构作宾语）和逻辑语义关系分析，从功能句法角度得出关于兼语式的研究结果：有些兼语式是简单句，有些兼语式为复杂句；兼语没有起双重作用。

本次会议的分组讨论也有不少与汉语研究相关的论文陈述。在宣读的192篇论文中，跟汉语研究有关的论文为51篇，占24.3%，其中汉语语言研究论文24篇，汉语教学研究论文3篇，翻译研究论文11篇，汉英对比论文13篇。可见，我国系统功能语言学研究者在引进、翻译、撰写相关著作时，也应将这一理论运用到对汉语的研究中（常晨光，2013）。

2 韩礼德教授与中山大学的渊源及韩礼德教授一行参观访问基地

韩礼德教授与中山大学有很深的渊源。1947—1949年间,他在北京大学深造,师从罗常培先生。1949—1950年,他跟随当时在广州岭南大学(校址为现在中山大学南校区)任教的王力先生学习现代汉语。回国后,韩礼德教授跟随剑桥大学弗思(Firth)教授继续攻读博士学位。1955年完成了对用中国14世纪北方官话译述的《元朝秘史》一文的语言学分析,获得剑桥大学哲学博士学位。

2013年7月10日,正在中山大学参加ISFC 40会前学术活动的韩礼德教授、哈桑教授和麦蒂森教授应邀参观访问中山大学国际汉语教材研发与培训基地。基地主任周小兵教授用汉语为韩礼德教授讲解基地和全球汉语教材展示中心的相关信息。在浏览早期的汉语教材《番汉合时掌中珠》、《老乞大》、《三千字解音》时,韩礼德教授和周小兵教授谈到早期学习蒙古语的教材、拼音文字和非拼音文字的转化。当韩礼德教授看到老舍先生1926年在英国教授汉语时为灵格风语言中心编写的汉语有声教材《言语声片》时,赞叹不已,提到他读本科时认识的、与老舍合编教材的伦敦大学的E. D. Edwards。他还谈起"二战"时期,自己学习、教授的是军用汉语教材。

观看展览时,韩礼德教授很高兴看到瑞典汉学家高本汉(Bernhard Karlgren)、好友赵元任的照片和教材,并翻阅了澳大利亚周晓康博士的《晓康歌谣学汉语》。哈桑教授在翻阅《汉语图解小词典》并试用点读笔后,认为该书图文并茂,有声效果增加了趣味性和易学性。

随后,韩礼德教授、哈桑教授、麦蒂森教授和周小兵教授等进行了亲切会谈。会谈中,大家就语言教学、语言功能和汉语教材等议题进行了讨论。在讨论《国际汉语》第二辑刊载的韩礼德教授关于外国人教汉语的文章和相关介绍后,大家兴趣盎然,尤其对韩礼德教授发表于1956年的《现代汉语语法范畴》讨论热烈。参观和座谈后,韩礼德教授在嘉宾留言簿上题词,肯定了基地的成绩,表达了对基地的美好祝愿。

当日下午,韩礼德教授、哈桑教授、麦蒂森教授一行还与正在参加"2013年中山大学国际汉语学院优秀大学生夏令营"的营员们进行座谈交流。全体营员们都倍加珍惜与语言学大师面对面交流的机会,积极提问,聆听大师们的教诲,感受语言研究的魅力,整个座谈会气氛轻松活跃。

3 结　语

正如韩礼德教授为国际汉语教材研发与培训基地题词所指出,"(汉语国际教育)是一项重要的事业,因为汉语已经成了一种世界性的语言,全球每个角落都有许多人在学习汉语。学好汉语需要国际汉语教材研发与培训的成果"。(韩礼德教授题词原文:This is such an important enterprise that you are undertaking here, now that Chinese has become a world language and is being studied by so many people in every corner of the globe. Such students need most of all to succeed. Your work is a major contribution to this effort, and it has been a privilege to be shown around, and to be told about your achievement and your plan. Best wishes for the future.）系统功能语言学为汉语研究提供了一种视角和方法，系统功能语言学视角下的汉语研究在日益受到学界的关注，其有效性在大量的汉语实证研究中也得到了验证。系统功能语言学强调互补的语言观（Halliday，2008），相信其理论框架和研究方法可为汉语研究和汉语教学研究方法的互补、研究路径的拓宽提供有益的借鉴。

参考文献

[1] 冯爱琴. 系统功能语言学研究对象趋于多样［N］. 中国社会科学报，2013-07-17
[2] 黄国文. 中国的系统功能语言学研究：发展与展望［M］//庄智象. 新中国成立60周年中国外语教育发展战略论坛. 上海：上海外语教育出版社，2009.
[3] 黄国文. 选择就是意义［M］//黄国文，常晨光，廖海青. 系统功能语言学研究群言集：第1辑. 北京：高等教育出版社，2010.
[4] Halliday M A K. Complementarities in language［M］. Beijing：The Commercial Press，2008.
[5] Halliday M A K. Pinpointing the choice：meaning and the search for equivalents in a translated text［M］// Mahboob A，Knight N K. Appliable linguistics. London：Continuum，2010.

陈瑜敏，中山大学外国语学院
yumin720@126.com
严小庆，中山大学外国语学院
xiaoqing0831@126.com
高雪松，中山大学国际汉语教材研发与培训基地
cedargao1215@hotmail.com

（责任编辑　李春琳）

English Abstracts

Some Problems of Vocabulary Explanation in Textbooks on Chinese as a Foreign Language: Examples Taken from Material Used in French-speaking Regions

Abstract: The quality of teaching material for Chinese as a foreign language is among the most important questions facing overseas Chinese instructors. The last twenty years has seen a tremendous increase in published material on the subject, both in China and abroad; but there remains a general consensus among overseas teachers that the material available is often inadequate. How to render such teaching material more colloquial, and improve its focus, accuracy and effectiveness is a difficult question for those who must write textbooks. Using examples from Chinese textbooks for French-speaking regions, especially those edited, published and translated into French in China, this paper examines questions on four commonly encountered problems in vocabulary explanation: pinyin, determination of parts of speech, translation and usage. It also presents some personal methods of dealing with these questions, in the hope of raising consciousness among editors and teachers to the end that vocabulary explanation in teaching material be rendered more suitable, accurate and effective.

Key words: Chinese textbooks; vocabulary; Chinese teaching in French-speaking regions

Agreement and Disagreement in Natural Conversation and Traditional Language Textbooks

Abstract: This article, as an endeavor to deal with the dilemma in teaching pragmatic competence, examines how two communicative actions (i.e., agreement and disagreement) are realized in traditional CSL (Chinese as a Second Language) textbooks and in naturally occurring Mandarin conversations. Based on the research findings in conversation analysis and discourse analysis, the present study shows that artificial dialogues in textbooks are highly marked with respect to the way in which social actions are carried out. It is proposed that authentic materials should be adopted as a supplement to traditional textbooks, in order to faithfully represent speakers' routine practices in daily interaction. The design of classroom activities should expose the students to authentic materials, and engage them in real communication as much as possible, as a means to develop their pragmatic competence.

Key words: agreement; disagreement; pragmatics; teaching Chinese as a second language; authentic materials

Study and Analysis on Chinese Cultural Textbooks for Second Language Learners: Taking *Chinese Language and Culture Course* as an Example

Abstract: *Chinese Language and Culture Course* is analyzed in terms of course design, content of texts, Chinese characters and vocabulary, exercises and supporting materials. It is found that this set of teaching materials is very scientific and systematic in materials compiling and words choosing, but it fails in fully considering teenagers' interests and the practical meaning of culture learning. The textbook emphasizes on the information conveyance, while neglecting the training of application skills on cultural knowledge.

Key words: teaching Chinese as a foreign language; cultural textbooks; compile

Difference between "Yijing" and "Le" with the Comparisons in Vietnamese

Abstract: Based on the errors that Vietnamese students usually make in using Chinese "yijing" and "le", this paper contrasts the difference of these two words, inspects them with the Vietnamese time adverb "đã", and compares the similarities and differences between them. It also proposes a novel idea to the explanation of "đã" and the acquisition difficulty and teaching of "yijing" and "le".

Key words: "le"; "yijing"; "đã"; error

Semantic Relations between Sino-Vietnamese and Chinese Words

Abstract: The thesis makes an attempt to make a comparative research on 5274 Sino-Vietnamese words among 7810 double-syllable words taken from *Sino-Vietnamese Words Dictionary* (Phan Van Cac, 2001), which is used as a basic language material. The thesis uses methods of comparison, classifying, analyzing and example illustration in order to analyze the differences and similarities of the words semantic. According to the analysis, we think that the semantic relations between the Sino-Vietnamese words and the related Chinese words can be divided into three main types: mainly the same; different; partly different and partly the same. Each type accounts respectively for 62.8%, 8.5% and 28.7% of the chosen language materials.

Key words: Sino-Vietnamese words; Vietnamese; vocabulary comparison; error

Standards for Teachers of Chinese to Speskers of Other Languages and Localisation of Teachers Education

Abstract: The term "Teaching of International Chinese" has two connotations: teaching Chinese internationally and teaching Chinese as an international language. The former is a means or vehicle to attain the goal, which is to make Chinese an international language. However, while the former can be more easily achieved through short term measures such as abundant resources input, the latter takes a much longer period of time to realise and will have to go through a development stage of localisation. *Standards for Teachers of Chinese to Speakers of Other Languages* sets the ultimate aims and objectives for teachers of International Chinese with regards to their knowledge and skills, but from the point of view of the home country of the Chinese language. To better meet the local needs abroad, it is advisable that a tiered system of qualification and certification be established for the training and education of Chinese language teachers that takes into consideration both the requirements of the Standards and the local circumstances including the local language policies, and collaborates with relevant teacher training agencies abroad.

Key words: Teachers of International Chinese; Teacher Education and Training; Localisation

Chinese Teaching at Princeton University

Abstract: The Department of East Asian Studies in Princeton University has an outstanding reputation and deep influence for its Chinese teaching in North America. With the aim of promoting and developing Chinese teaching by introducing the overseas teaching experience, this article attempts to present systematically the features of Chinese teaching in Princeton University on aspects as follows: the teaching management, curriculum, classroom instruction, teaching appraisal.

Key words: the Department of East Asian Studies in Princeton University; teaching management; curriculum; classroom instruction; teaching appraisal

Minnesota Chinese Immersion Education Model: Practice, Challenges and Implications

Abstract: A new approach to Chinese language education is gaining popularity in the United States, especially in the State of Minnesota over the last decade. Rather than teaching Chinese as a regular foreign language course, this new approach involves immersing students in Chinese language throughout school days by using Chinese as an instructional tool. Through onsite classroom observations, interviews and discussions, this case study focuses on three newly launched Chinese immersion programs in the State of Minnesota, analyzes the unique practice of a Chinese immersion model in Minnesota that is an early, one-way and total immersion, with a uniqueness of whole language approach to language acquisition. At the same time, it discusses the implications of this model for Chinese education in non-Chinese speaking regions around the world and the challenges it faces.

Key words: immersion; Chinese education; Minnesota Model; whole language; second language acquisition

An Investigation of Chinese Language & Culture Teaching and Teaching Materials in Primary and Secondary Schools in Thailand

Abstract: This project was conducted to investigate the situation of Chinese language & culture teaching and the teaching materials in primary and secondary schools in Thailand. According to the items of the investigation project, investigation devices (interviews and questionnaires) were designed and methods such as classified statistics and empirical analysis were employed to explore the status quo of the curriculum and use of textbooks in Chinese language & culture schools in Thailand. Based on the investigation results, the author discusses the shared problems of concern and provides constructive solutions.

Key words: Chinese language & culture education; Chinese language & culture teaching; Chinese language & culture teaching materials

An Investigation of the Use Condition of Chinese Materials in Chinese Schools in the Philippines since 1990s

Abstract: While teaching Chinese and promoting Chinese language in the Philippines, the author has visited dozens of Chinese schools and done a great number of investigation into the Chinese teaching materials in Chinese schools in the Philippines, which has brought first-hand information and a comprehensive understanding of the use condition of them in the Philippines. Based on the material and information, the author attempts to review and introduce the use condition of Chinese teaching materials since 1990s, making an analysis on the Chinese teaching materials and reasons of using them.

Key words: the Philippines; the Chinese Teaching Materials; Mainland China; Taiwan